Pilates
Training

ALYCEA UNGARO

Pilates
Training

Sanftes Bodystyling –
Das 10-Wochen-Programm

DORLING KINDERSLEY

DORLING KINDERSLEY
London, New York, Melbourne, München und Delhi

Für meine Mutter

Projektbetreuung Shannon Beatty
Bildbetreuung Janis Utton
Lektorat Jennifer Jones
Cheflektorat Gillian Roberts
Chefbildlektorat Karen Sawyer
Art Director Carole Ash
Programmleitung Mary-Clare Jerram
DTP-Design Sonia Charbonnier
Herstellung Wendy Penn
Fotos Russell Sadur

Für die deutsche Ausgabe:
Programmleitung Monika Schlitzer
Projektbetreuung Kerstin Uhl
Herstellungsleitung Dorothee Whittaker
Herstellung Petra Schneider

Bibliografische Information Der Deutschen Bibliothek
Die Deutsche Bibliothek verzeichnet diese Publikation
in der Deutschen Nationalbibliografie;
detaillierte bibliografische Daten sind im Internet
über http://dnb.ddb.de abrufbar.

Titel der englischen Originalausgabe:
Pilates Promise

© Dorling Kindersley Limited, London, 2004
Ein Unternehmen der Penguin-Gruppe
Text © Alycea Ungaro, 2004

© der deutschsprachigen Ausgabe by
Dorling Kindersley Verlag GmbH, Starnberg, 2004
Alle deutschsprachigen Rechte vorbehalten

Übersetzung Christiane Burkhardt
Redaktion Henriette Zeltner

ISBN 3-8310-0626-1

Colour reproduction by Colourscan, Singapore
Printed and bound in Slovakia
by Neografia

Besuchen Sie uns im Internet
www.dk.com

Hinweis
Die Informationen und Ratschläge in diesem Buch sind von
den Autoren und vom Verlag sorgfältig erwogen und geprüft,
dennoch kann eine Garantie nicht übernommen werden.
Eine Haftung der Autoren bzw. des Verlags und seiner Beauftragten
für Personen-, Sach- und Vermögensschäden ist ausgeschlossen.

INHALT

6	EINFÜHRUNG	
16	BASISPROGRAMM	
18	Die Testpersonen	
20	The Hundred	
22	Roll Down	
24	Single Leg Circles	
26	Rolling Like a Ball	
28	Single Leg Stretch	
30	Double Leg Stretch	
32	Spine Stretch Forward	
34	Woche 1: Fazit	
36	PROGRAMM FÜR DEN OBERKÖRPER	
38	Programmübersicht	
40	Woche 2, 3, 4: Roll Up	
42	Single Straight Leg Stretch	
44	Spine Stretch Forward	
46	Push Ups	
48	Armübungen	
52	Erekas Zwischenbericht	
54	Woche 5, 6, 7: Single Leg Kick	
56	Double Leg Kick	
58	Ruderübungen: The Shaving	
59	Ruderübungen: The Hug	
60	Armübungen: Boxing	
61	Armübungen: The Bug	
62	Erekas Zwischenbericht	
64	Woche 8, 9, 10: Leg Pull Down	
66	Leg Pull Up	
68	Magic Circle: Übungen I	
70	Magic Circle: Übungen II	
72	Erekas Schlussbericht	
74	PROGRAMM FÜR DEN UNTERKÖRPER	
76	Programmübersicht	
78	Woche 2, 3, 4: Roll Down with Magic Circle	
80	Single Straight Leg Stretch	
82	Side-Kick-Übungen	
84	Teaser: Vorbereitung	
85	One-legged Teaser	
86	The Seal	
88	Tais Zwischenbericht	
90	Woche 5, 6, 7: Double Straight Leg Stretch	
92	Single Leg Kick	
94	Side Kicks: Bicycle	
96	Side Kicks: Ronde de Jambe	
98	Side Kicks: Inner Thigh Lifts / Beats	
100	Tais Zwischenbericht	
102	Woche 8, 9, 10: Shoulder Bridge	
104	Can-Can	
106	Magic Circle: Standing	
108	Tais Schlussbericht	
110	PROGRAMM FÜR EINE BESSERE HALTUNG	
112	Programmübersicht	
114	Woche 2, 3, 4: Roll Up	
116	Single Straight Leg Stretch	
118	Side Kicks: Front	
120	Teaser	
122	The Seal	
124	Wall I und II	
126	Caseys Zwischenbericht	
128	Woche 5, 6, 7: Double Straight Leg Stretch	
129	Criss-Cross	
130	Open Leg Rocker	
132	The Saw	
134	Swan Dive Preparation	
136	Neck Pull	
138	Spine Twist	
140	Caseys Zwischenbericht	
142	Woche 8, 9, 10: Corkscrew	
144	Swimming	
146	Mermaid	
148	Ruderübungen: From the Chest	
150	Ruderübungen: From the Hips	
152	Caseys Schlussbericht	
154	The Pilates Mat: Das große Body-Workout	
156	Mini-Workouts	
158	Register und nützliche Adressen	
160	Dank	

Hinweis: Da es sich in diesem Buch um die klassischen Pilates-Übungen handelt, sind die von Joseph Pilates gewählten englischen Originalnamen beibehalten worden. Die Bedeutung der Begriffe wird zu Beginn jeder Übung erklärt und ist auch im Register zu finden.

EINFÜHRUNG

Mit Hilfe des folgenden Pilates-Trainingsprogramms können Sie Ihre Figur innerhalb von nur zehn Wochen entscheidend verbessern. Wenn Sie die in diesem Buch vorgestellten Übungen dreimal pro Woche absolvieren, wird jede der von ihnen beanspruchten Körperpartien deutlich sichtbar gestrafft. Wer die 30 Workouts konsequent durchhält, wird mit einem völlig neuen Körpergefühl belohnt – das gilt für jedes der hier vorgestellten drei Programme.

EINFÜHRUNG

Wenn ein Kunde ein Trainingsziel erreicht oder eine anspruchsvolle Übung zum ersten Mal schafft, kann ich mich immer wieder aufs Neue daran freuen. Es gefällt mir, nach den richtigen Worten zu suchen, mit denen sich die gewünschte Körperbewegung beschreiben lässt. Mein Ansporn besteht darin, dass diese Worte am Körper umgesetzt werden, ihn kräftigen und für Wohlbefinden sorgen. Dass ich mein Wissen mit dem vorliegenden Pilates-Training an Sie weitergeben kann, verdanke ich den außergewöhnlichen Erfolgen, die meine Testkandidatinnen erzielt haben – Erfolge, die auch Sie erreichen können.

»Nach 10 Sitzungen spüren Sie den Unterschied, nach 20 sehen Sie ihn und nach 30 besitzen Sie einen ganz neuen Körper.« Diese Worte sind das »Pilates-Versprechen«, ein Satz, der wahrscheinlich mehr Menschen in Pilates-Studios gelockt hat als jedes andere Marketinginstrument. Aber lässt sich dieses Versprechen auch wirklich halten? Vielleicht bezieht sich dieser Satz von Joseph Pilates ja nur auf die gesamte Pilates-Methode und ihre zahlreichen Hilfsmittel? Andererseits hat Pilates unzählige Schüler trainiert – und zwar nur mit seinen Mattenübungen. Mit diesem Buch wollen wir Pilates' Versprechen einer Prüfung unterziehen. Alles, was Sie dafür brauchen, ist eine gesunde Portion Neugier, ein Minimum an Disziplin und ein bisschen Platz zum Trainieren.

DEN EIGENEN KÖRPER KENNEN LERNEN

Ihr Körper ist Ihr wertvollster Besitz. Jeder, der einmal länger krank oder verletzt war, weiß, dass kein Geld der Welt eine gute Gesundheit ersetzen kann. Um gesund zu leben, müssen Sie Ihren Körper erst einmal kennen lernen. Ich staune jedes Mal aufs Neue darüber, welche Elemente zusammenspielen müssen, damit ein Körper richtig funktioniert. Sobald auch nur ein einziges Element – sei es nun ein Knochen, ein Enzym oder ein Hormon – aus dem Gleichgewicht gerät, kann das hochkomplexe System im wahrsten Sinne des Wortes zusammenbrechen.

Wie immer, wenn man mit etwas Neuem beginnt, sollte man sich auch im Vorfeld dieses Trainingsprogramms gut informieren. Nehmen Sie sich die Zeit und machen Sie sich ein bisschen mit der Terminologie des menschlichen Stütz- und Muskelapparats vertraut *(s. die anatomischen Schaubilder auf der gegenüberliegenden Seite)*. Viele dieser Begriffe werden Ihnen auf den Seiten dieses Buches immer wieder begegnen.

▲ **Einzelstunden zur Einführung:** Um sich mit der Pilates-Methode vertraut zu machen, empfehle ich eine Stunde bei einem ausgebildeten Pilates-Trainer.

DER MENSCHLICHE KÖRPER

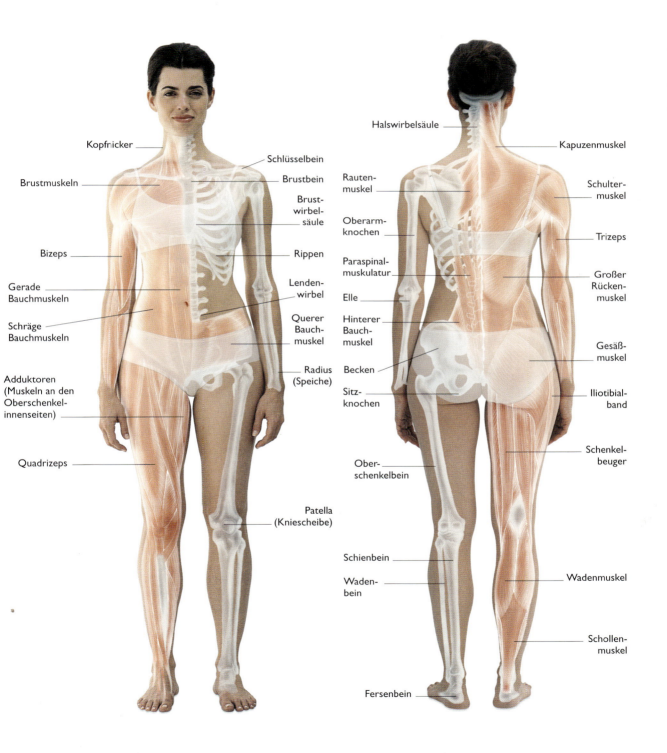

▲ **Kontrollierte Bewegungen** Anhand einer Abrollübung wird gelernt, wie viel Tempo, Kraft, Anstrengung und Rhythmus nötig sind.

▲ **Konzentration bitte!** Während des Single Leg Stretch (*Dehnen mit einem Bein, s. S. 28–29*) kommt alles auf die Position der Hände an, denn sonst verliert man das Gleichgewicht.

DIE PILATES-PRINZIPIEN

Joseph Pilates nennt sechs Prinzipien, auf denen seine Methode beruht. Sie alle haben nur ein Ziel, nämlich mit einem Minimum an Aufwand ein Maximum an Erfolg zu erzielen. Diese Prinzipien treffen natürlich auch auf andere Trainingsmethoden oder Sportarten wie Tennis, Fußball, Schwimmen oder Tanz zu.

KONTROLLE

Das erste und wichtigste Prinzip der Pilates-Methode heißt Kontrolle. Ganz einfach deshalb, weil achtlos und schlampig ausgeführte Übungen herzlich wenig bringen. Doch die Übungen sind schließlich kein Selbstzweck, sondern sollen Ihren Körper auf die Belastungen des Alltags vorbereiten. Jede Übung stellt Sie vor die Aufgabe, Ihre Gliedmaßen Schritt für Schritt dorthin zu bringen, wo sie sein sollen. Dazu gehört, dass Sie auf jedes Ungleichgewicht und jede Asymmetrie achten und diese umgehend korrigieren.

Die Pilates-Box *(s. S. 14)* ist der Schlüssel zur richtigen Körperhaltung. Damit ist das Rechteck gemeint, das von Schulter zu Schulter und von Hüfte zu Hüfte reicht. Jede Bewegung, die Sie ausführen, muss innerhalb dieses Rechtecks Platz finden. Das erfordert ein hohes Maß an Körperbeherrschung und Kontrolle.

Um diese Kontrolle zu erlernen, beginnen wir zunächst mit einigen Auf- und Abrollübungen. Diese werden Ihnen anfangs sehr leicht fallen. Sie werden instinktiv Schwung holen und sich vor- und zurückrollen lassen. Doch mit der Zeit werden Sie herausfinden, dass es gar nicht so einfach ist, dieselbe Übung langsam, mit gerader Wirbelsäule und angespannten Bauchmuskeln auszuführen. Plötzlich wird aus einer ganz einfachen Übung eine echte Herausforderung. Sobald Sie gelernt haben, Ihren Körper mit Hilfe Ihres Geistes zu kontrollieren, können Sie Ihre Haltung merklich beeinflussen.

KONZENTRATION

Jedes Üben tut Ihrem Körper gut. Aber erst, wenn Sie sich dabei richtig konzentrieren, können Sie Ihren Körper nachhaltig verändern. Die Pilates-Methode erfordert Ihre volle Konzentration – ohne sie sind die einzelnen Übungen gar nicht durchführbar. Egal, ob Sie sich auf Ihre Taille oder auf die korrekte Position der Hände bei den Bauchmuskelübungen *(s. S. 157)* konzentrieren – bei jedem Workout ist nicht nur der Körper, sondern auch der Geist gefordert. Während Sie die einzelnen Übungen absolvieren, sollten Sie Ihren Körper mental von Kopf bis Fuß abtasten. Das ist so ähnlich wie im Berufsleben: Sobald es jemanden gibt, der die Oberaufsicht

EINFÜHRUNG

hat, legt sich der Einzelne mehr ins Zeug. Wenn Sie Ihre Gedanken schweifen lassen, hat Ihr Chef höchstwahrscheinlich den Raum verlassen.

ZENTRIERUNG

Alle Bewegungen sollten aus der Körpermitte kommen. Diese Mitte nennen Pilates-Lehrer auch »Powerhouse«. Damit ist ein höchst komplexes Zusammenspiel der Muskeln von Po, Beckenboden, unterem Rücken und Bauch gemeint. Dieses Powerhouse, das manche auch als Kraftgürtel oder Kernmuskeln bezeichnen, ist das Kraft- und Kontrollzentrum für den übrigen Körper. Jede Pilates-Übung ist immer auch eine Übung für die Körpermitte.

Viele Menschen beginnen ihr Körpertraining ohne gedankliche oder körperliche Vorbereitung und riskieren damit Muskelzerrungen und andere Verletzungen. Um dies zu vermeiden, beginnt man beim Pilates-Training jede Übung mit der Aktivierung des Powerhouse, bevor andere Muskelgruppen beansprucht werden. Indem Sie Ihren Nabel zur Wirbelsäule ziehen (s. auch Atmung, weiter unten) bringen Sie Ihren Körper dazu, eine ganze Reihe von Bewegungen, die auf den ersten Blick gar nichts miteinander zu tun haben, von der Körpermitte aus durchzuführen. Während der ersten Übungstage werden Sie ständig darauf achten müssen, die Bewegungen aus der Körpermitte fließen zu lassen. Doch mit der Zeit wird Ihnen das so in Fleisch und Blut übergehen, dass Sie sich auch im Alltag so bewegen.

ATMUNG

Generell gilt: Wer während der Belastung ausatmet, dem fällt die Übung nicht nur leichter, sondern er oder sie bewegt sich auch fließender. Außerdem kann Ihr Atem dazu dienen, das Übungstempo zu bestimmen.

Bei der Pilates-Methode hängt viel von der richtigen Atemtechnik ab. Eine der wohl häufigsten Anweisungen in diesem Buch lautet: »Den Nabel zur Wirbelsäule ziehen.« Dabei dürfen Oberkörper und Becken auf keinen Fall nach vorne kippen. Es gilt vielmehr, nur die Muskeln zu beanspruchen und nicht den Stützapparat. Je besser es Ihnen gelingt, Atmung und Bewegung zu koordinieren, desto leichter fällt es Ihnen, den Nabel zur Wirbelsäule zu ziehen.

PRÄZISION

Präzision ist wichtig. Jede Leistung lässt sich verbessern – das ist eine Maxime, die man auch auf die Pilates-Methode übertragen kann. Überlegen Sie stets, wie sich die Übung noch effektiver gestalten ließe. Betrachten Sie die in diesem Buch abgebildeten Testpersonen mit den Augen eines Lehrers. Was gibt es an ihrer Haltung zu

Bewegungen aus der Körpermitte entstehen lassen. Diese schlichten Armbeugen werden nach der Pilates-Methode ausgeführt: Erst die Muskeln des Kraftzentrums und dann die Armmuskeln anspannen.

korrigieren oder zu verbessern? Auf diese Weise lernen Sie, genau hinzusehen — auch bei sich selbst. Absolvieren Sie bevorzugt jene Übungen, die eine echte Herausforderung für Sie darstellen. Damit tun Sie Ihrem Körper den größten Gefallen.

BEWEGUNGSFLUSS

Bei der Pilates-Methode repräsentiert der Bewegungsfluss der Wirbelsäule den Bewegungsfluss des ganzen Körpers. Achten Sie bei den Übungen darauf, die Wirbelsäule Wirbel für Wirbel auf- oder abzurollen (wie die Ketten eines Panzers). Wenn Sie sich aufrichten oder aus einer liegenden Position hochkommen, sollten Sie Ihr Rückgrat Wirbel für Wirbel biegen. Dasselbe gilt natürlich auch für die entgegengesetzte Bewegung.

▲ **Auf eine korrekte Haltung achten.** Den Nacken lang machen *(s. oben)* und nicht verkrampfen. Den Nabel zur Wirbelsäule und gleichzeitig nach oben ziehen *(s. unten)*.

Dieses sechste und letzte Pilates-Prinzip ist eine Zusammenfassung aller vorhergehenden Prinzipien. Wenn Sie Ihre Bewegungen kontrolliert aus der Körpermitte entstehen lassen, sich auf die Ausführung konzentrieren, tief und gleichmäßig atmen und die Übung präzise absolvieren, wird sich eine Bewegung nahtlos an die nächste reihen. Wer all das beherzigt, dem werden nicht nur Pilates-Übungen, sondern auch alle Bewegungen im Alltag leichter fallen. Im Idealfall ist Pilates die perfekte Choreographie für Körper und Geist.

QUALITÄT, KONTINUITÄT, EFFEKTIVITÄT

Was für den Alltag gilt, trifft auch auf das Pilates-Training zu: Wer im Beruf Karriere machen möchte, muss kontinuierlich Qualität bringen. Und trotzdem stürmen die Menschen immer wieder aufs Neue die Fitness-Studios, von denen sie sich eine schnelle Lösung ihrer Figur- und Gesundheitsprobleme erwarten — am liebsten über Nacht. Doch wenn Qualität, Effektivität und Kontinuität im Berufsleben für einen Aufstieg sorgen — was lässt sich dann mit diesen Tugenden erst im physischen Bereich realisieren? Die Pilates-Methode steht für ein hochqualitatives Training. Wer regelmäßig trainiert (dreimal die Woche), wird nicht nur erstaunliche Erfolge verzeichnen können, sondern dabei auch jede Menge Spaß haben!

GILT DAS PILATES-VERSPRECHEN AUCH FÜR MICH?

Wenn Sie bereits mit den Pilates-Übungen auf der Matte vertraut sind, kann Ihnen dieses Buch helfen, Ihre Technik zu verbessern. Auch wenn Sie schon mit einem Pilates-Trainer arbeiten, bildet das vorliegende Programm eine sinnvolle Ergänzung zu Ihrem Kursalltag. Und wenn Sie noch keinerlei Erfahrungen mit Pilates haben, lernen Sie hier nicht nur die Basisübungen, sondern auch viele Tricks und Kniffe, die in Kästen mit Extra-Tipps vermittelt werden.

Für jeden Körpertyp gibt es andere Pilates-Übungen — Sie hier alle abzuhandeln wäre unmöglich. Was dieses Buch jedoch leistet, ist eine Neuordnung der Original-Pilates-Methode, wobei der Schwerpunkt auf den drei

EINFÜHRUNG

▲ **Mit der Anstrengung ausatmen.** Mit jedem Dehnen, Heben oder Kreisen den Nabel noch weiter zur Wirbelsäule ziehen (s. S. 12). Ausatmen, um das Powerhouse zu aktivieren.

▲ **Effizient trainieren.** Intensivieren Sie das Workout, indem Sie die einzelnen Bewegungen miteinander verbinden. Auf einen fließenden Bewegungsablauf achten.

gängigsten Fitness-Zielen liegt: der Kräftigung des Oberkörpers, insbesondere der Arme, dem Formen und Straffen von Po und Oberschenkeln sowie einer besseren Haltung und Beweglichkeit.

WELCHES ZUBEHÖR BENÖTIGE ICH?

Sie brauchen eine Gymnastikmatte oder Wolldecke, zur Not tun es auch ein paar große Badetücher – Hauptsache Ihre Wirbelsäule und Ihre übrigen Knochen bekommen eine weiche Unterlage. Weiteres Zubehör, das ich in den hier vorgestellten Programmen verwende, sind leichte Kurzhanteln, ein Ball und der so genannte Magic Circle (Magischer Ring). Sie dienen dazu, das Training noch effektiver zu gestalten. Für manche Übungen benötigen Sie außerdem einen Stab oder einen Gurt. Entsprechende Alternativen finden Sie in der jeweiligen Anleitung.

WAS ENTHÄLT DIESES BUCH?

Pilates-Training besteht aus drei verschiedenen Programmen: Das erste ist für den Ober-, das zweite für den Unterkörper und das dritte für eine verbesserte Beweglichkeit

und Haltung. Jedes dieser Vier-Phasen-Programme sollten Sie zehn Wochen lang dreimal die Woche absolvieren. Während der Phase 1 machen alle Testpersonen dasselbe Basisprogramm *(s. S. 20–33)*. Anschließend fährt jede Testperson neun Wochen lang mit ihrem individuellem Programm fort.

Diese neun Wochen wiederum sind in drei Einheiten zu je drei Wochen unterteilt: In Woche 2, 3 und 4 wird hauptsächlich mit Übungen für Anfänger trainiert. In Woche 5, 6 und 7 folgen mittelschwere Übungen und in Woche 8, 9 und 10 Übungen für Fortgeschrittene. In jeder Phase sollten Sie die neuen Übungen zu den bereits bekannten hinzufügen. Farbcodes in der Trainingsübersicht zu Anfang jedes Programms *(s. S. 38f., 76f., 112f.)* zeigen, welche Übungen wann hinzugefügt werden müssen. Nach den 30 Übungseinheiten, aus denen das vorliegende Programm besteht, sollten Sie weiterhin mindestens einmal pro Woche trainieren, um in Form zu bleiben.

Jede Übung wird Schritt für Schritt erklärt. Darüber hinaus gibt es Hinweise zur richtigen Atmung sowie zur empfohlenen Anzahl von Wiederholungen. Außerdem wird auf Besonderheiten der jeweiligen Übung hingewiesen.

▲ **Pilates-Box** Damit Sie die korrekte Haltung einnehmen, stellen Sie sich ein Rechteck vor, das von Schulter zu Schulter, von dort zu den Hüften und von Hüfte zu Hüfte reicht.

Anmerkungen, die sich auf die korrekte bzw. falsche Haltung der Testpersonen beziehen, runden das Ganze ab.

Das Training für Zuhause besteht nicht aus Pilates-Übungen, sondern soll diese ergänzen, erleichtern oder vertiefen. Dieses Training kann bestimmten Körperpartien gewidmet sein oder aus Abwandlungen klassischer Pilates-Übungen bestehen.

Die Kästen mit Hinweisen zur richtigen Technik geben Ihnen die Möglichkeit, sich selbst zu kontrollieren.

Auf Seite 154–155 finden Sie Pilates Mat – das große Body-Workout. Jedes der vorhergehenden individuellen Programme ist eine Abwandlung dieser traditionellen Pilates Mat. Angenommen, Sie würden die Übungen aller drei Programme absolvieren, so hätten Sie damit beinahe die gesamte Pilates-Methode abgedeckt. Integrieren Sie ruhig Bestandteile aus anderen Programmen in Ihr Training, aber bitte in der von der Pilates Mat vorgegebenen Reihenfolge. Als kleines Extra habe ich noch vier Mini-Workouts für Sie zusammengestellt (s. S. 156–157). Sollten Sie einmal keine Zeit für das komplette Programm haben, dann versuchen Sie es mit einer solchen Kurzfassung. Mini-Workouts gibt es für Unterkörper, Oberkörper, die Bauchmuskeln und für eine gute Haltung.

Sollten Sie bei einer der Übungen Schmerzen verspüren oder sich unwohl fühlen, lassen Sie diese aus. Absolvieren Sie nur die Übungen, die sich angenehm anfühlen.

PILATES: DAS IDEALE TRAINING

Noch ein Hinweis zum Training: Jeder weiß, wie anstrengend, langweilig, ja sogar schmerzhaft Fitnesstraining sein kann. In diesen Fällen versucht man sich gern abzulenken, hört während des Trainings Musik, sieht fern oder unterhält sich. Die Folge ist, dass viele Übungen falsch ausgeführt werden und damit nicht mehr effizient sind. Diese Gefahr besteht bei der Pilates-Methode nicht.

Beim Pilates-Workout wird immer auch der Geist gefordert. Wer Pilates macht, kann sich nicht gleichzeitig mit etwas anderem beschäftigen, sondern muss sich auf die jeweilige Übung konzentrieren. Sobald Sie sich auf die Pilates-Methode einlassen, werden Sie sich wesentlich bewusster bewegen und schnell Fortschritte machen.

Das Pilates-Versprechen – ein völlig neuer Körper nach nur 30 Sitzungen – sollte es Ihnen wert sein, wirklich engagiert zu trainieren. Wer sein Körpergefühl verbessern will,

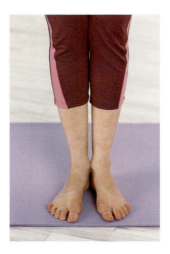

◀ **Die Pilates-Stellung**

Um die rückwärtige Bein- und Gesäßmuskulatur zu trainieren und den unteren Rücken zu stützen, pressen Sie mit angespanntem Po die Rückseiten Ihrer Oberschenkel zusammen. Die Füße bilden dann automatisch ein kleines V.

für den ist Pilates genau das Richtige. Ich habe schon viele Fitness-Kurse gegeben, aber Pilates ist die einzige Methode, bei der der Geist lernt, den Körper zu trainieren.

SCHLUSSBEMERKUNG

Joseph Pilates hat sich stets auf das Positive konzentriert. Von seinen Schülern wissen wir, dass er sie in der ersten Stunde nach ihren Beschwerden gefragt hat, um sie anschließend nie mehr zu erwähnen. Anstatt sich auf die Schwachstellen des Körpers zu konzentrieren, lag sein Augenmerk nur auf den Stärken. Diese Betrachtungsweise ist nicht neu. Auch die moderne Osteopathie geht davon aus, dass sich der Körper unter den richtigen Voraussetzungen selbst heilen kann. Bei Pilates sind diese Voraussetzungen: Kräftegleichgewicht, Beweglichkeit, Symmetrie sowie eine korrekte Haltung.

Gesundheit ist also immer auch eine Frage des eigenen Körperbewusstseins. Unser hektischer, aber gleichzeitig bewegungsarmer Alltag führt dazu, dass wir unseren Körper gar nicht mehr richtig spüren. Dabei ist es heute wichtiger denn je, körperbewusst zu leben. Und dafür kann man so einiges tun: Yoga schult die Konzentrationsfähigkeit, Ballett die Körperbeherrschung, Sport die athletischen Fähigkeiten – wer das alles mit dem Pilates-Training kombiniert, hat die besten Chancen, fit und gesund zu bleiben.

▲ **Zubehör** Für die Übungen in diesem Buch benötigen Sie eine Gymnastikmatte und je nach Programm, Kurzhanteln (1–1,5 kg), Gurte, einen Magic Circle (Magischer Ring) oder einen preiswerten Gummiball von etwa 40 cm Durchmesser sowie eine Stange zum Dehnen. Wer möchte, kann sich auch noch Fußgewichte von 1–1,5 kg anschaffen.

GLOSSAR DER PILATES-SPRACHE

Die folgende Begriffe führen Sie in die bildliche Pilates-Sprache ein. Allerdings bezeichnen diese Begriffe nie nur die Bewegung an sich, sondern immer auch die Qualität der Bewegung.

Aktivieren Die Bewegung aus einem Muskel oder einer ganzen Muskelgruppe entstehen lassen.

Box oder Rahmen Ein gedachtes Rechteck, dessen Linien Schultern und Hüften verbinden, wenn Sie die symmetrische Haltung korrekt einnehmen.

Gegenbewegung Eine Muskelgruppe bzw. einen Körperteil gleichzeitig mit ihrem/seinem Antagonisten einsetzen.

Haltung Die Position, in der alle Gelenke gerade und symmetrisch ausgerichtet sind.

Nabel zur Wirbelsäule Das Ein- und Hochziehen der Bauchmuskulatur (besonders des queren Bauchmuskels), das sich in erster Linie in einer Verringerung des Taillenumfangs zeigt.

Pilates-Stellung Auch Pilates-V genannt. Durch Anspannen der Gesäßmuskeln werden die Beine von der Hüfte aus bis zu den Fersen leicht auswärts gedreht. Beine und Füße bilden einen V-Winkel.

Powerhouse/Kraftgürtel/Kernmuskeln Umfasst die Bauchmuskulatur, die unteren Rücken- und die Gesäßmuskeln.

Schulterblätter runter Die Schulterblätter senken und anpressen.

Stabilisieren Das Powerhouse aktivieren, um den ganzen Körper sicher im Gleichgewicht zu halten.

Wirbel für Wirbel Die Auf- und Abwärtsbewegungen der Wirbelsäule, bei denen ein Wirbel nach dem anderen auf- oder abgerollt wird.

BASIS-PROGRAMM

Wer zum ersten Mal Pilates macht, fällt in die Kategorie Anfänger. Egal wie fit Sie sonst sind – bei Pilates fangen alle ganz von vorn an. Nehmen Sie sich Zeit, die Übungen richtig zu lernen. Schließlich haben Sie sich für eine Methode entschieden, die Sie ein Leben lang begleiten soll. Da lohnt es sich wirklich, von Anfang an sorgfältig zu trainieren. Das Basisprogramm der Woche 1 ist für alle gleich. Absolvieren Sie die hier vorgestellten Übungen innerhalb der ersten Woche dreimal.

DIE TESTPERSONEN

Die hier vorgestellten drei Pilates-Programme funktionieren bei jedem. Trotzdem war es nicht so einfach, drei Testpersonen zu finden, die bereit waren, sich während des Trainings fotografieren zu lassen. Jede der Frauen musste sich bereit erklären, dreimal pro Woche zu trainieren und an insgesamt 30 Sitzungen teilzunehmen. Außerdem mussten die Testpersonen diverse Fotosessions über sich ergehen lassen.

Die drei Frauen, die sich schließlich dazu bereit erklärten, sind beruflich sehr eingespannt. Umso mehr habe ich mich darüber gefreut, dass sie das Training genauso ernst nahmen wie ihre übrigen Verpflichtungen.

EREKA: SCHWERPUNKT OBERKÖRPER

Ereka war früher Tänzerin und arbeitet heute als Journalistin. Sie erfuhr über eine Freundin von meinem Buch und bot sich bereitwillig als Testperson an. Sie war fest davon überzeugt, die ideale Kandidatin für das Unterkörper-Programm zu sein

Nach der ersten gemeinsamen Sitzung stellte ich Ereka jede Menge Fragen. Schon während des Workouts war mir aufgefallen, dass sie sehr sportlich war, über eine hervorragende Koordination und eine schnelle Auffassungsgabe verfügte. Nur ihr Oberkörper war nicht sehr muskulös. Der Unterkörper war immer noch der einer Tänzerin, aber der Oberkörper konnte da nicht mehr mithalten. Ich empfahl ihr, Arme und Rücken zu kräftigen, weil das Ihr Erscheinungsbild deutlich verbessern würde. Schließlich erklärte sie sich damit einverstanden, etwas für einen besser definierten Oberkörper zu tun.

Trotzdem hatte Ereka Bedenken. Sie wollte auf keinen Fall zu kräftige Arme bekommen. Ich konnte sie aber beruhigen, weil die Muskelmasse nur durch exzessives Gewichtstraining sichtbar zunimmt. Und Pilates ist keine Trainingsform, die einen zum Muskelprotz macht! Stattdessen erhofften wir uns eine schöne Schulterdefinition. An manchen Stellen galt es auch, Fett abzubauen und den Muskeltonus zu erhöhen.

TAI: SCHWERPUNKT UNTERKÖRPER

Tai traf ich in einer New Yorker Galerie. Die Beauty-Journalistin interessierte sich von Berufs wegen für Pilates: Sie wollte einen Artikel darüber schreiben. Nicht im Traum hatte sie daran gedacht, selbst darin vorzukommen! Wir verabredeten uns in meinem Studio und waren uns schnell einig, dass sie sich hervorragend für das Unterkörper-Programm eignete. Mir fiel sofort auf, wie perfektionistisch sie war – sie würde versuchen, das Maximum aus meinen Übungen herauszuholen.

Tai ist groß und gertenschlank – bei so einer Figur sticht einem jedes Fettpölsterchen auf Schenkeln oder Hüften sofort ins Auge. Auf den ersten Blick wirkten ihre Beine muskulös. Aber nach ein paar Basisübungen auf der Matte merkte ich, dass es da doch einiges zu tun gab. Schenkel und Po konnten etwas Training gebrauchen.

CASEY: SCHWERPUNKT BEWEGLICHKEIT UND HALTUNG

Als angehende Schauspielerin rannte Casey von Vorsprechen zu Vorsprechen und von Probe zu Probe. Um sich ihren Lebensunterhalt zu verdienen, arbeitete sie tagsüber im Büro. Dieser hektische Lebensstil und eine alte Rückenverletzung hatten ihre Spuren hinterlassen. Caseys Muskeln waren steif. Da sie tagsüber am Schreibtisch saß, ließ auch ihre Haltung zu wünschen übrig.

Nach unserer ersten gemeinsamen Sitzung bekam ich Zweifel. Ich wusste nicht, ob sich Caseys Körper in der kurzen Zeit wirklich verändern ließe. Ihre Haltung würde sich verbessern – aber die Beweglichkeit ihres Rückens?

Casey, Tai und Ereka unterhalten sich über ihre Erwartungen bezüglich des Pilates-Trainings.

Ihre Wirbelsäule war unglaublich steif. Aus diesem Grund fiel es ihr äußerst schwer, das Powerhouse zu aktivieren. Mit ihrer Zähigkeit konnte sie mich am Schluss doch überzeugen, zumal ich wusste, dass ihr das Programm sehr gut tun würde. Denn eines war gewiss: Selbst wenn sie keine objektiv messbaren Fortschritte machen würde – Ihr Körpergefühl würde sich entscheidend verändern. Casey brauchte wirklich ein Pilates-Training – und so nahm ich sie mit ins Team.

LOS GEHT'S!

In der ersten Woche des Programms machte ich alle drei mit dem Basisprogramm auf der Matte bekannt. Wie gesagt: Bei mir ist jeder Anfänger, egal was er vorher schon gemacht hat. Jede Testperson wurde so in die Pilates-Methode eingeführt, als hätte ich sie gerade erst von der Straße ins Studio geholt!

DIE SIEBEN BASISÜBUNGEN

Während der ersten Woche lernten Ereka, Tai und Casey die ersten sieben Übungen der traditionellen Pilates-Methode, die ich als Basisübungen bezeichne. Sie bilden das Fundament des ganzen Trainingssystems. Von jeder dieser Basisübungen gibt es Varianten, mit denen man ganz bestimmte Körperpartien trainieren kann. Diese Varianten sind Bestandteile der Wochen 2–10, in denen die Testpersonen ihr jeweils eigenes Programm absolvieren *(s. auch S. 20–33)*.

THE HUNDRED

Die Hundert ist eine Aufwärmübung, die den Kreislauf in Schwung bringt und Muskeln und Puls auf die darauf folgenden Übungen vorbereitet. Energische, rhythmische Armbewegungen und tiefe Atemzüge helfen Ihnen dabei, komplett auszuatmen und »die Lunge auszuwringen«.

1 Legen Sie sich flach auf den Rücken und ziehen Sie beide Beine zur Brust. Die Bauchmuskeln aktivieren, indem Sie den Nabel zur Wirbelsäule ziehen. Die Wirbelsäule bleibt vom Hals bis zum Sitzbein am Boden.

Der Nacken bleibt lang.

PILATES INDIVIDUELL

Wenn Sie mit der Übung schon vertraut sind, können Sie eine der drei nebenstehenden Varianten ausprobieren. **Übungstipps:** • Arme nicht baumeln lassen, energische Pumpbewegungen ausführen! • Bewegung aus dem Powerhouse aktivieren, nicht vom Hals her. • Bauchmuskeln anspannen. • Nabel mit jedem Ausatmen noch ein Stück weiter zur Wirbelsäule ziehen. **Zur Vereinfachung:** Den Kopf am Boden liegen lassen oder die Beine höher heben. **Für Fortgeschrittene:** Die Beine senken, ohne die Bauchmuskeln zu entspannen oder auf vier Pumpbewegungen ein- und auf sechs ausatmen.

Fortgeschrittene nehmen den Magic Circle (Magischen Ring) oder einen Gummiball, um die Übung schwieriger zu gestalten.

▲ **Oberkörper** Einen Magic Circle (Magischen Ring) oder Gummiball von 40 cm Durchmesser verwenden, um den Oberkörper zu kräftigen. Statt der Pumpbewegungen mit den Armen Ring oder Ball rhythmisch zusammendrücken. Die Arme strecken, aber nie ganz durchdrücken. Auf fünf Druckbewegungen ein- und auf fünf ausatmen.

THE HUNDRED

Die Beine bleiben zusammen.

Pilates-Stellung: Fersen zusammen, Zehen auseinander

Die Beine bleiben zusammen.

2 Kopf und Schultern vom Boden abrollen. Die Beine angewinkelt anheben. Die Arme 100-mal rhythmisch auf und ab bewegen. Dabei die Pumpbewegung je 5-mal beim Einatmen und 5-mal beim Ausatmen ausführen, bis Sie 100 Pumpbewegungen gemacht haben. In die Startposition zurückkehren.

3 Die Beine beim Hochnehmen der Arme im 45°-Winkel strecken. Die Pomuskeln aktivieren, damit Beine und Füße einen V-Winkel bilden (Pilates-Stellung). Nabel zur Wirbelsäule ziehen, um ein Hohlkreuz zu vermeiden. Knie anwinkeln und die Füße für Roll-Down *(Abrollen)* flach auf den Boden aufsetzen *(s. S. 22–23)*.

▲ **Unterkörper** Die Übung damit beginnen, dass Sie sich ausschließlich auf den Unterkörper konzentrieren. Die gestreckten Beine ein kleines Stück anheben und die Gesäßmuskeln fest anspannen. In dieser Position mehrmals 10 Pumpbewegungen ausführen und sich allmählich bis auf 100 steigern.

▲ **Beweglichkeit und Haltung** Achten Sie bei The Hundred vor allem darauf, dass Brustkorb, Hals und Schultern eine Linie bilden. Ziehen Sie die Schultern in Richtung Füße und drücken Sie sie in die Matte. Der Nacken bleibt lang, der Brustkorb geöffnet, das Schlüsselbein breit und flach.

ROLL DOWN

Beim *Abrollen* konzentrieren wir uns darauf, den Rücken Wirbel für Wirbel zu bewegen. Öffnen und dehnen Sie die Muskeln des unteren Rückens, dann können Sie den Nabel leichter zur Wirbelsäule ziehen.

Schultern bleiben unten

Füße anziehen

1 Setzen Sie sich aufrecht hin. Die Beine hüftbreit auseinander. Ziehen Sie die Beine und Füße an und drücken Sie die Fersen in die Matte. Umfassen Sie Ihre Oberschenkel von unten und ziehen Sie die Taille ein und hoch, bevor Sie mit Schritt 2 weitermachen.

PILATES INDIVIDUELL

Wenn Sie mit Woche 2 beginnen oder mit der Übung bereits vertraut sind, können Sie eine der drei nebenstehenden Varianten ausprobieren. Wählen Sie die Variante, die für Sie die größte Herausforderung bedeutet.

Übungstipps: • Lassen Sie sich nicht nach hinten fallen – rollen Sie Wirbel für Wirbel ab.
• Die Fersen fest in den Boden drücken. Sie dürfen sich nicht von der Stelle rühren.
• Die Rippenbögen nicht herausdrücken, sonst kommen Sie ins Hohlkreuz.

Zur Vereinfachung: Den Bewegungsradius einschränken. Nur die Hälfte der Wirbelsäule abrollen.

Für Fortgeschrittene: Weniger mit den Händen, sondern mit den Bauchmuskeln arbeiten.

▲ **Oberkörper** Halten Sie sich beim Abrollen mit den Händen fest, um den Oberkörper zu stabilisieren. Die Ellbogen bleiben gebeugt, der Bizeps ist angespannt. Nehmen Sie die Arme zu Hilfe, um wieder in die Startposition zurückzukehren.

ROLL DOWN

Wirbel einzeln in Richtung Matte rollen

2 Spannen Sie die Gesäßmuskeln an und kippen Sie das Becken nach hinten. Atmen Sie ein und bringen Sie beim Ausatmen den untersten Wirbel auf den Boden. Sobald Sie genug Kraft haben, lassen Sie Ihre Hände dabei langsam an den Oberschenkeln hochgleiten. Drücken Sie einen Wirbel nach dem anderen in die Matte.

Die Hände rutschen hoch.

Der Blick ist auf den Nabel gerichtet.

3 Die Arme beim Abrollen strecken. Sobald die Taille den Boden berührt, drei tiefe Atemzüge machen. Die Bauchmuskeln mit jedem Ausatmen tiefer einziehen. Langsam in die Startposition zurückkehren. Übung 3-mal wiederholen. Für Single Leg Circles *(s. S. 24–25)* flach auf den Rücken legen.

▲ **Unterkörper** Benutzen Sie einen Ball mit 25 cm Durchmesser oder einen Magic Circle (Magischer Ring), um die Muskeln der Oberschenkelinnenseiten zu trainieren. Die Muskeln beim Einatmen anspannen und Ball oder Ring zusammendrücken. Beim Hochkommen gleichmäßig Druck ausüben

▲ **Beweglichkeit und Haltung** Beim Abrollen die Schulterblätter nach unten ziehen und den Brustkorb öffnen. Auf diese Weise prägt sich die Übung ein – Sie trainieren Ihr Muskelgedächtnis. Achten Sie darauf, dass Ihre Brust beim Abrollen nicht einsinkt.

SINGLE LEG CIRCLES

Das einfache Beinkreisen ist die erste Übung des Basisprogramms, bei der das Powerhouse aktiviert wird. Das Bein beschreibt in der Luft perfekte Kreise, während Sie sich darauf konzentrieren, den Rumpf zu stabilisieren, eine korrekte Haltung einzunehmen und langsame, kontrollierte Bewegungen auszuführen.

Das Bein an der Mittellinie des Körpers ausrichten.

1 Legen Sie sich flach auf den Rücken und strecken Sie ein Bein zur Zimmerdecke. Das andere Bein liegt flach auf der Matte und bildet eine Linie mit der Hüfte. Die Schulterblätter nach unten drücken, den Nabel zur Wirbelsäule ziehen und die Arme neben dem Körper in den Boden pressen.

PILATES INDIVIDUELL

Wenn Sie mit Woche 2 beginnen oder mit der Übung bereits vertraut sind, können Sie eine der drei nebenstehenden Varianten ausprobieren. Wählen Sie die Variante, die für Sie die größte Herausforderung bedeutet.
Übungstipps: • Das Bein führen, keine ruckartigen Bewegungen machen. • Die Bewegung schräg nach oben zur Schulter übertreiben. Das Bein weiter nach oben strecken, bevor es den Kreis nach unten beschreibt. • Den Rumpf stabilisieren: Egal was das Bein tut, der Rumpf bewegt sich nicht. **Zur Vereinfachung:** Kleinere Kreise beschreiben oder das ruhende Bein aufstellen.
Für Fortgeschrittene: Das Powerhouse noch mehr aktivieren und größere Kreise beschreiben.

▲ **Oberkörper** Die Rückseiten der Arme in den Boden drücken, um die Arme ebenfalls zu trainieren. Die Schulterblätter herunterziehen, um die großen Rückenmuskeln (s. S. 9) anzuspannen. Nur so halten Sie den Rumpf stabil.

SINGLE LEG CIRCLES

Bein in Richtung der gegenüberliegenden Schulter führen

2 Atmen Sie ein. Führen Sie das Bein über den Körper hinweg schräg nach oben in Richtung der linken Schulter. Dabei sollen beide Hüften am Boden bleiben.

Die Bauchmuskeln bleiben angespannt.

3 Das Bein in einer fließenden Bewegung wieder nach unten führen, die Bauchmuskeln bleiben angespannt. Den Nabel noch weiter zur Wirbelsäule ziehen und das Bein zur Seite führen.

4 Ausatmen. Bein wieder in die Startposition bringen. Jeweils 5-mal im und gegen den Uhrzeigersinn kreisen. Mit dem anderen Bein wiederholen. Für Rolling Like a Ball (s. S. 26–27) aufsetzen.

◀ **Unterkörper** Die Bewegung schräg nach oben zur Schulter übertreiben, um die Abduktoren und Adduktoren der Schenkel anzuspannen. Die Muskeln der Oberschenkelinnenseite des am Boden liegenden Beins ebenfalls anspannen, indem Sie es in Richtung Mittelachse des Körpers pressen.

Beweglichkeit und Haltung ▶
Bei verkürzten Schenkelbeugern das am Boden liegende Bein aufstellen. Stellen Sie sich vor, an der Zimmerdecke befände sich ein Spiegel, in dem sie Ihre Haltung kontrollieren. Der Oberkörper sollte lang wirken.

ROLLING LIKE A BALL

Zu der Übung *Rollender Ball* ließ sich Joseph Pilates von spielenden Kindern inspirieren. Die Übung ist nicht so leicht, wie sie aussieht, denn schließlich soll eine wirklich fließende Bewegung entstehen. Richtig ausgeführt ist sie ein ideales Training für die Bauchmuskeln.

1 Umfassen Sie Ihre Schienbeine nahe den Fußknöcheln. Das Becken nach hinten kippen, um den unteren Rücken zu runden. Die Füße bleiben zusammen, die Knie sind hüftbreit auseinander. Den Kopf zwischen die Knie nehmen oder so nah wie möglich an sie heranziehen.

Den Kopf zu den Knien bringen.

Die Füße bleiben zusammen.

PILATES INDIVIDUELL

Wenn Sie mit Woche 2 beginnen oder mit der Übung bereits vertraut sind, können Sie eine der drei nebenstehenden Varianten ausprobieren. Wählen Sie die Variante, die für Sie die größte Herausforderung bedeutet. **Übungstipps:** • Lassen Sie sich nicht nach hinten fallen – rollen Sie sanft ab. • Die Bewegung kontrollieren. Ohne Schwung in die Startposition zurückkehren, stattdessen das Powerhouse aktivieren. • Die Schienbeine gut festhalten und die Fersen eng ans Gesäß ziehen. **Zur Vereinfachung:** Bei einer Knieverletzung oder verkürzten Rückenmuskeln nicht das Schienbein, sondern die Oberschenkelrückseite oberhalb der Kniekehle umfassen. **Für Fortgeschrittene:** Eine Hand umfasst das Handgelenk der anderen, um die Position zu stabilisieren.

◀ **Oberkörper**
Die Schienbeine fest umklammern, um die Armmuskeln zu beanspruchen. Die Ellbogen nach außen drehen, damit die Arme einen Kreis bilden.

ROLLING LIKE A BALL

Die Knie sind hüftbreit auseinander.

Über den unteren Rücken abrollen

Füße ans Gesäß ziehen

2 Atmen Sie ein und beginnen Sie mit dem Abrollen. Zu diesem Zweck spannen Sie die Bauchmuskeln an und ziehen die Sitzbeine gewissermaßen unter sich zusammen. Rollen Sie jeden Wirbel einzeln ab. Der Kopf bleibt nah bei den Knien, die Füße sind eng ans Gesäß gezogen.

3 Sanft nach hinten rollen, bis nur noch die Schulterblätter Bodenkontakt haben. Das Kinn zur Brust ziehen, die Nackenwirbel dürfen den Boden nicht berühren. Ausatmen und dabei in die Startposition zurückkehren. Übung 10-mal wiederholen. Für Single Leg Stretch *(s. S. 28–29)* flach auf den Rücken legen.

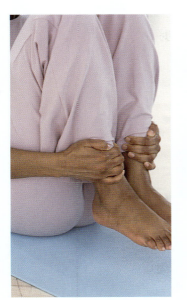

◀ **Unterkörper**
Um die Oberschenkelrückseiten mehr zu beanspruchen, die Knie fest zu den Schultern und die Fersen zum Gesäß ziehen. Position beim Rollen beibehalten.

▲ **Beweglichkeit und Haltung** Die Oberschenkel über den Kniekehlen umfassen und besonders langsam und fließend abrollen. Wenn Sie in die Startposition zurückkehren, bleiben Nacken und Schultern entspannt. Diese Übung fördert die Beweglichkeit des Rückens.

SINGLE LEG STRETCH

Die Dehnung mit einem Bein ist eine von fünf Bauchmuskelübungen, die ich zu einem Mini-Workout zusammengestellt habe *(s. S. 157)*. Ähnlich wie normale Sit-ups erfordert diese Pilates-Version Ihre volle Konzentration, Koordination und ein aktiviertes Powerhouse.

1 Legen Sie sich flach auf den Rücken und ziehen Sie die Beine an die Brust. Die Wirbelsäule bildet eine Linie. Den Nacken lang machen und den Nabel zur Wirbelsäule ziehen. Die Arme liegen ausgestreckt neben dem Körper.

PILATES INDIVIDUELL

Wenn Sie mit Woche 2 beginnen oder mit der Übung bereits vertraut sind, können Sie eine der drei nebenstehenden Varianten ausprobieren. Wählen Sie die Variante, die für Sie die größte Herausforderung bedeutet.
Übungstipps: • Beine nicht kicken, sondern gegen einen imaginären Widerstand strecken. • Die Bauchmuskeln stets anspannen, aber nicht nach außen wölben – ansonsten das gestreckte Bein höher heben. • Mit Beinen und Armen fließende Bewegungen ausführen, während der Rumpf stabil bleibt.
Zur Vereinfachung: Wenn der Nacken schmerzt, lassen Sie ihn am Boden liegen. Bei einer Knieverletzung das Bein unter dem Knie umfassen.
Für Fortgeschrittene: Das gestreckte Bein ein wenig absenken oder das Tempo beschleunigen.

▲ **Oberkörper** Das Bein fest an den Körper ziehen, um die Armmuskeln mehr zu beanspruchen. Die Ellbogen auswärts drehen, um den Bizeps anzuspannen.

SINGLE LEG STRETCH

Ellbogen nach außen

2 Kopf und Schultern vom Boden abheben, gleichzeitig das rechte Knie umfassen, zur rechten Schulter ziehen und das linke Bein im 45°-Winkel in die Luft strecken. Mit der rechten Hand das rechte Schienbein knapp über dem Knöchel umfassen, mit der linken Hand das rechte Knie halten.

Bauchmuskeln anspannen

3 Die Übung mit dem anderen Bein wiederholen. Das ist ein Set. Abwechselnd mit beiden Beinen 5–8 Sets ausführen. Auf einen Set ein- und auf einen Set ausatmen. Anschließend mit der Übung Double Leg Stretch *(s. S. 30–31)* weitermachen.

▲ **Unterkörper** Das Bein knapp über der Matte strecken, um die Pomuskeln zu trainieren. Konzentrieren Sie sich beim Strecken des Beins auf die Gesäßmuskeln. Mit dem anderen Bein wiederholen.

Beweglichkeit und Haltung ▶ Das Knie fest an den Körper pressen, um die Dehnung zu vertiefen. Die Dehnung des Schenkels mit dem Dehnen des gestreckten Beines kombinieren, um das Becken zu öffnen.

DOUBLE LEG STRETCH

Die Dehnung mit beiden Beinen ist die zweite Übung der Bauchmuskel-Serie. Aber wie bei Pilates üblich, reicht es nicht, sich nur auf die Bauchmuskeln zu konzentrieren. Wir verbinden den Double Leg Stretch mit gleichmäßiger Atmung und fließenden Armbewegungen, um den gesamten Rumpf zu trainieren.

1 Beide Knie zum Körper ziehen und oberhalb der Knöchel umfassen. Den Kopf heben und sich auf die Körpermitte konzentrieren. Die Schulterblätter und Gesäßmuskeln in die Matte pressen.

Auf die Körpermitte konzentrieren

PILATES INDIVIDUELL

Wenn Sie mit Woche 2 beginnen oder mit der Übung bereits vertraut sind, können Sie eine der drei nebenstehenden Varianten ausprobieren. Wählen Sie die Variante, die für Sie die größte Herausforderung bedeutet. **Übungstipps:** • Die Beine nicht auf die Brust fallen lassen, sondern an den Körper heranziehen. • Die Beine während der halbkreisförmigen Armbewegung oben lassen. • Kopf und Schultern dürfen die Matte nicht berühren, wenn Sie die Arme nach hinten strecken. **Zur Vereinfachung:** Die Arme knapp über der Matte nach vorn strecken.

Für Fortgeschrittene: Die Beine tiefer ausstrecken, um das Powerhouse mehr zu beanspruchen.

Fortgeschrittene verwenden einen Magic Circle oder Ball (40 cm Durchmesser).

▲ **Oberkörper** Benutzen Sie einen Magic Circle oder einen Ball mit 40 cm Durchmesser. Ring oder Ball in Schritt 1 über den Schienbeinen festhalten. Dann mit gestreckten Armen nach hinten über den Kopf führen und leicht zusammendrücken. Die Ellbogen nie ganz durchdrücken.

DOUBLE LEG STRETCH 31

Füße in Pilates-Stellung drehen

Die Handflächen zeigen zum Rumpf.

2 Einatmen und beide Arme nach hinten über den Kopf strecken, gleichzeitig die Beine anheben. Den Nabel zur Wirbelsäule ziehen und den Kopf oben lassen. Die Beine strecken und in die Pilates-Stellung drehen.

3 Ausatmen und die Arme in einer halbkreisförmigen Bewegung zu den Hüften führen. Die Knie wieder an die Brust ziehen und in die Startposition zurückkehren. Die Übung 5 bis 8-mal wiederholen und sich für Spine Stretch *(s. S. 32–33)* aufsetzen.

▲ **Unterkörper** Verwenden Sie einen Magic Circle (Magischen Ring) oder Ball mit 40 cm Durchmesser, um die Muskeln von Gesäß und Oberschenkelinnenseiten zu trainieren. Den Magic Circle oder Ball zwischen die Fußknöchel klemmen und die Übung wie gewohnt durchführen. Das Hilfsmittel beim Strecken der Beine leicht zusammendrücken.

▲ **Beweglichkeit und Haltung** Die Knie beim Dehnen fest an die Brust ziehen, um die Hüften und den unteren Rücken beweglicher zu machen. Rollen Sie den unteren Rücken leicht auf. Um Schulter- und Brustmuskeln zu dehnen, nehmen Sie Ihre Arme bis hinter die Ohren zurück.

SPINE STRETCH FORWARD

Eine gute Haltung und eine kräftige Wirbelsäule sind erstrebenswerte Fitness-Ziele. Mit der Übung *Wirbelsäulendehnung nach vorn* lernen Sie, aufrecht zu sitzen. Die Muskeln neben der Wirbelsäule bleiben beweglich und gesund. Diese Übung ist die letzte unseres Basisprogramms.

1 Aufrecht hinsetzen, die Beine etwas mehr als hüftbreit auseinander, die Arme nach vorn gestreckt. Zehen anziehen und Fersen nach vorn schieben. Die Schulterblätter herunterdrücken. Nabel zur Wirbelsäule ziehen.

Die Arme sind parallel zu den Beinen.

PILATES INDIVIDUELL

Wenn Sie mit Woche 2 beginnen oder mit der Übung bereits vertraut sind, können Sie eine der drei nebenstehenden Varianten ausprobieren. Wählen Sie die Variante, die für Sie die größte Herausforderung bedeutet. **Übungstipps:** • Die Wirbelsäule bleibt lang und wird nur gedehnt. • Nicht nach vorne kippen. Stellen Sie sich vor, den Rücken über einem riesigen Ball zu wölben. • Die Armmuskeln ebenfalls anspannen – selbst in den Fingerspitzen steckt Energie! **Zur Vereinfachung:** Die Knie beugen und die Füße entspannen. **Für Fortgeschrittene:** Die Dehnung mit Hilfe eines Magic Circle (Magischer Ring) oder eines Balles mit 40 cm Durchmesser vertiefen.

Fortgeschrittene verwenden einen Magic Circle oder Ball (40 cm Durchmesser).

▲ **Oberkörper** Den Widerstand für die Arme erhöhen: Nehmen Sie einen Magic Circle (Magischen Ring) oder Ball mit 40 cm Durchmesser dazu. Das Hilfsmittel beim Vorbeugen leicht zusammendrücken. Die Ellbogen bleiben gebeugt, ohne dass der Druck der Arme nachlässt.

SPINE STRETCH FORWARD

Die Wirbelsäule wölbt sich wie ein C.

Die Taille einziehen und strecken.

2 Atmen Sie ein. Strecken Sie die Taille und dehnen Sie sie auf diese Weise gleichzeitig. Beim Ausatmen »runden« Sie den unteren Rücken Wirbel für Wirbel. Nehmen Sie den Kopf zwischen die Arme und beugen Sie den Rücken so weit, dass Ihre Stirn zum Boden zeigt.

3 Wenn Sie den tiefsten Punkt erreicht haben, den Nabel noch weiter zur Wirbelsäule ziehen und sich Wirbel für Wirbel wieder aufrichten. Dabei einatmen und das Rückgrat langsam wieder ganz gerade machen. Als Letztes den Kopf heben. Die Übung 3- bis 5-mal wiederholen.

◀ **Unterkörper** Die Gesäßmuskeln vor dem Runden fest anspannen und angespannt lassen. Die Oberschenkelmuskeln anspannen und die Kniekehlen in die Matte drücken.

▲ **Beweglichkeit und Haltung** Den Oberkörper in Schritt 2 ganz nach vorn bringen und beide Fußsohlen umfassen. Die Knie dürfen gebeugt sein. So bleiben und die Beine langsam strecken.

WOCHE 1: FAZIT

In mancherlei Hinsicht war die erste Woche die leichteste. Ich musste die drei Frauen nur mit Pilates bekannt machen, Ihnen die Übungen erklären und die Pilates-Prinzipien gelegentlich in Erinnerung rufen. Außerdem galt es, das meiste aus meinen Schülerinnen herauszuholen. Die folgenden Wochen stellten eine größere Herausforderung dar – ab da hieß unser Mantra: »Sichtbare Erfolge, sichtbare Erfolge, sichtbare Erfolge.«

ERSTE FORTSCHRITTE

Nachdem wir mit den sieben Basisübungen (s. S. 20–33) vertraut waren, konnten wir vom traditionellen Programm abweichen. Nach einer Woche konsequenten Trainings hatten die Frauen eine erste Ahnung davon, worum es bei Pilates geht. Sie hatten verinnerlicht, wie man den Nabel zur Wirbelsäule zieht (s. S. 11), und begriffen, dass eine kräftige, bewegliche Körpermitte der Schlüssel zu einem gesunden Körper ist.

SICHTBARE ERFOLGE

Neben diesen Prinzipien hatten wir uns außerdem bewusst gemacht, wie wichtig der Geist ist, wenn es darum geht, den Körper zu verändern. Denn ohne die richtige innere Einstellung fällt es schwer, die eigenen Grenzen zu überwinden. Um die Figur zu verbessern und mehr Kraft und Beweglichkeit zu entwickeln, muss das Training eine wirkliche Herausforderung bedeuten. Wenn Sie acht Sit-ups locker schaffen, aber bei Nummer neun kapitulieren, dann sollten Sie stets acht Sit-ups absolvieren und die Übung ein neuntes Mal probieren. Wenn die Beindehnung schwierig wird, sobald Sie auf die richtige Haltung achten und das Bein richtig strecken, sollten Sie die Dehnung jedes Mal so ausführen. Anders ausgedrückt: Wenn Ihnen eine Übung leicht fällt, dann trainieren Sie nicht hart genug.

Da wir nur eine begrenzte Anzahl von Wochen zur Verfügung hatten und danach sichtbare Erfolge vorweisen wollten, musste ich Übungen auswählen, die wirklich effektiv sind. Für jede Testperson stellte ich individuelle Fitness-Ziele auf:

EREKA (OBERKÖRPER): Kräftigung der vorderen und seitlichen Schultermuskeln, des Bizeps und Trizeps, der großen Rückenmuskeln sowie der Muskeln des oberen Rückens. Bessere Muskelbeherrschung am ganzen Oberkörper.

TAI (UNTERKÖRPER): Kräftigung von Quadrizeps, Adduktoren und Gesäßmuskeln, bessere Beweglichkeit der Schenkelbeuger und schön definierte Abduktoren.

CASEY (BEWEGLICHKEIT UND HALTUNG): Mehr Beweglichkeit der Lendenwirbel, kräftigere Bauchmuskeln, ein stärkerer und beweglicherer oberer Rücken sowie eine weniger verkrampfte Brust- und Schulterpartie für eine bessere Haltung.

PILATES HEISST »MULTITASKING«

Nachdem die konkreten Fitness-Ziele feststanden, lautete meine Aufgabe: Aus den 34 Originalübungen der Pilates Mat drei entsprechende Programme zusammenzustellen. Doch schon während ich das Material durchging, merkte ich, dass es unmöglich war, die positive Wirkung der jeweiligen Übungen auf einzelne Körperpartien zu beschränken.

Da Pilates eine ganzheitliche Trainingsmethode mit äußerst vielseitigen Übungen ist, würden die drei Frauen so oder so ein volles Body-Workout durchlaufen — und zwar unabhängig davon, welches Programm sie absolvierten. Mit anderen Worten: Egal wie Ihre Bedürfnisse aussehen — wenn Sie sich für die Pilates-Methode entscheiden, trainieren Sie immer den ganzen Körper. So gesehen verlangt Pilates Ihrem Körper echtes »Multitasking« ab.

Am Ende der ersten Woche waren Ereka, Tai und Casey gespannt auf den weiteren Verlauf ihrer Programme.

LERNSTILE

Lehren heißt für mich, Informationen austauschen. Also bestand meine Aufgabe darin, die richtigen Worte und Bilder zu finden, um meinen Schülern die Bewegungsabläufe korrekt beizubringen. Um mein Wissen während der nächsten neun Wochen so effizient wie möglich zu vermitteln, musste ich den jeweiligen Lernstil meiner Schülerinnen kennen. Nachdem ich in der ersten Woche Gelegenheit gehabt hatte, mir ein Bild von den drei Frauen zu machen, konnte ich drei verschiedene Lernstile unterscheiden:

Ereka war der **auditive Lerntyp**. Sie lernte, indem sie mir zuhörte. Wenn ich sie zu sehr führte, behinderte das ihren Lernprozess. Tai war der **visuelle Lerntyp**. Sie lernte, indem sie mir zusah oder sich im Spiegel kontrollierte. Casey dagegen war der **taktile Lerntyp**. Sie lernte durch Fühlen. Wenn ich sie körperlich führte und sie die Korrekturen am eigenen Leib spüren konnte, begriff sie die Übungen am schnellsten.

WELCHER LERNTYP SIND SIE?

Ehe Sie mit Woche 2, 3 und 4 weitermachen, sollten Sie Ihren persönlichen Lernstil kennen. Angenommen, Sie wollten das Fahrradfahren erlernen. Hätten Sie gern, dass Ihnen jemand das Radfahren vormacht (**visuell**) oder Ihnen erklärt, was Sie tun müssen (**auditiv**)? Oder fiele es Ihnen leichter, wenn jemand Ihre Hände und Füße in die richtigen Positionen brächte (**taktil**)? Wenn Sie Ihren eigenen Lernstil kennen, werden Sie leichter und rascher lernen.

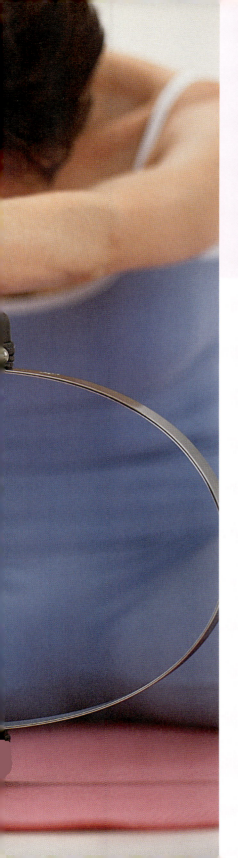

PROGRAMM FÜR DEN OBERKÖRPER

Rücken, Brustkorb und Arme werden im Alltag stark strapaziert. Denn das aufrechte Stehen, Heben und Tragen erfordert Kraft, Ausdauer und einen stabilen Oberkörper. Dieses Programm trainiert genau diese Fähigkeiten. Es formt und strafft Ihre Arme und Schultern, sorgt für eine schön definierte Rückenmuskulatur und betont Ihren Brustbereich. Mit nur drei Workouts pro Woche führt das Programm für den Oberkörper zu einer schöneren, besser proportionierten Figur.

PROGRAMMÜBERSICHT

Diese Fotoabfolge zeigt das komplette Programm für den Oberkörper. Die Übungen sind in der Reihenfolge abgebildet, in der sie absolviert, nicht in der sie erlernt werden. Nach und nach kommen Übungen aus den folgenden Wochen hinzu. Angefangen wird mit den Übungen der Woche 1, die der Wochen 8, 9 und 10 werden zum Schluss hinzugefügt.

The Hundred
(s. S. 20–21)

Roll Down
(s. S. 22–23)

Roll Up
(s. S. 40–41)

Single Leg Circles
(s. S. 24–25)

Rolling Like a Ball
(s. S. 26–27)

Spine Stretch Forward
(mit Magic Circle s. S. 44–45)

Single Leg Kick
(s. S. 54–55)

Double Leg Kick
(s. S. 56–57)

Leg Pull Down
(s. S. 64–65)

     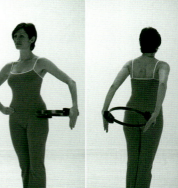

Magic Circle: Übungen I Brust (s. S. 68)

Magic Circle: Übungen I Über den Kopf (s. S. 69)

Magic Circle: Übungen I In Hüfthöhe (s. S. 69)

Magic Circle: Übungen II Pumpen (s. S. 70)

Magic Circle: Übungen II Auf der Hüfte (s. S. 71)

Magic Circle: Übungen Hinter dem Rücken (s.

PROGRAMMÜBERSICHT

SO FUNKTIONIERT DAS PROGRAMM

Ihr individuelles Programm beginnt mit Woche 2. Von nun an nehmen Sie alle drei Wochen eine neue Gruppe von Übungen hinzu. Während der ersten Woche absolvieren Sie alle gelb markierten Übungen. In Woche 2, 3 und 4 kommen die blau markierten Übungen hinzu. Als Nächstes integrieren Sie die pink markierten Übungen von Woche 5, 6 und 7, um abschließend die grün markierten Übungen von Woche 8, 9 und 10 einzubinden. Absolvieren Sie die Übungen in der unten abgebildeten Reihenfolge und erweitern Sie Ihr Programm alle drei Wochen um neue Übungen. Machen Sie nur alle Übungen, die Sie bereits gelernt haben. Gehen Sie von links nach rechts vor. In Woche 10 absolvieren Sie das auf diesen Seiten abgebildete Programm von Anfang bis Ende.

Single Leg Stretch (s. S. 28–29)

Double Leg Stretch (s. S. 30–31)

Single Straight Leg Stretch (s. S. 42–43)

Spine Stretch Forward (s. S. 32–33)

Leg Pull Up (s. S. 66–67)

Push Ups (s. S. 46–47)

Ruderübungen: The Shaving (s. S. 58)

Ruderübungen: The Hug (s. S. 59)

Biceps Curl Front (s. S. 48)

Biceps Curl Side (s. S. 49)

Zip Up (s. S. 50)

The Shaving (s. S. 51)

Boxing (s. S. 60)

The Bug (s. S. 61)

WOCHE
ZWEI, DREI, VIER

Die Prinzipien, die Sie im Basisprogramm gelernt haben, werden Sie auch während der nächsten Wochen benötigen. Die hier vorgestellten Übungen kräftigen Ihre Figur und sorgen für mehr Beweglichkeit. Wie effektiv sie sind, hängt von Ihrer Konzentration und Ausdauer ab.

ROLL UP

Das Aufrollen wird normalerweise mit einer Langhantel durchgeführt. Hier benutzen wir einen Ball bzw. den Magic Circle (Magischen Ring). Dieses Hilfsmittel führt nicht nur einen Widerstand ein, sondern ist gleichzeitig auch eine visuelle Orientierungshilfe für die Armmuskeln. Halten Sie den Druck gegen den Ball oder Ring während der ganzen Übung aufrecht.

1 Legen Sie sich flach auf den Rücken und strecken Sie die Arme über den Kopf. Die Beine sind gestreckt, die Zehen angezogen. Einatmen und Ring bzw. Ball über den Kopf führen. Nach und nach Kopf, Schultern und Rücken von der Matte lösen. Beim Aufrollen ausatmen und den Ring bzw. Ball nach vorn strecken.

Anstelle des Magic Circle können Sie einen Ball mit 40 cm Durchmesser verwenden.

Brustkorb entspannt

Finger gestreckt

Ellbogen leicht gebeugt

2 Die Wirbelsäule weiter runden und nach vorn kommen. Den Nabel zur Wirbelsäule ziehen, als wollten Sie der Dehnung entgegenwirken. Sobald Sie aufrecht sitzen, den Kopf zwischen die Arme bringen und die Schulterblätter herunterziehen.

Ständig Druck auf den Ring ausüben

Die Ellbogen bleiben leicht gebeugt.

PILATES-TIPPS
- **Konzentrieren Sie sich auf das Powerhouse** und eine bewegliche Wirbelsäule.
- **Wenn Sie Schwierigkeiten haben,** die Beine am Boden zu lassen, beschweren Sie sie mit Gewichten oder strecken Sie sie unter ein Möbelstück (z. B. ein Sofa).
- **Die Knie leicht beugen,** um sich auf verhärtete Stellen im unteren Rücken zu konzentrieren.
- **Gegen den Widerstand trainieren.** Wenn der Ring in Schritt 3 die Füße erreicht, nicht nach vorn kippen. Stellen Sie sich vor, jemand zöge Sie an der Taille nach hinten..
- **Wenn Ihnen die Übung noch zu schwer fällt,** absolvieren Sie sie ohne Hilfsmittel.

Die Schultern sind entspannt.

3 Wenn sich der Ring über Ihren Zehen befindet, atmen Sie tief ein. Dann rollen Sie die Wirbelsäule beim Ausatmen wieder ab. Wirbel für Wirbel in die Matte pressen. Die Arme hoch- und zurücknehmen, ohne im Brustkorb nachzugeben. Die Übung 5- bis 8-mal wiederholen.

SINGLE STRAIGHT LEG STRETCH

Die Dehnung mit gestrecktem Bein ist die dritte unserer Bauchmuskelübungen. Sie ist ein Paradebeispiel dafür, wie sich die Pilates-Methode individuell variieren lässt. Diese Übung trainiert Beweglichkeit und Bauchmuskeln auf ganz natürliche Weise. Wenn Sie sich richtig konzentrieren, hat Ihr ganzer Oberkörper etwas davon.

1 Legen Sie sich flach auf den Rücken und ziehen Sie beide Knie an die Brust. Wenn möglich, bleiben Kopf und Schultern während der gesamten Übung oben. Unterer Rücken und Gesäß fest in die Matte drücken. Das Becken nicht vorkippen und die Hüften am Boden lassen.

Die Fesseln fest umfassen.

Auf die »Box« achten, der Oberkörper darf nicht ausweichen.

2 Ein Bein in einer fließenden Bewegung hoch und das andere nach vorn strecken (wie beim Spagat). Die Fessel des hochgestreckten Fußes vorsichtig umfassen und zweimal zum Körper ziehen. Wenn Sie die Fessel nicht erreichen, umfassen Sie den Oberschenkel und heben das untere Bein etwas höher. Die Arme bilden einen Kreis und ziehen das obere Bein noch näher heran.

SINGLE STRAIGHT LEG STRETCH

FLEISSARBEIT CHAIR DIP

Um die *Dehnung mit gestrecktem Bein* zu ergänzen und Trizeps, Bizeps sowie die großen Rückenmuskeln zu kräftigen, stützen Sie sich an einer Stuhl- bzw. stabilen Sofakante ab und absolvieren die Chair Dips. Ihr Po sollte sich direkt vor der Kante befinden. Ereka hat sehr lange Arme und muss die Füße deshalb in größerer Entfernung zum Sofa aufstellen. Setzen Sie sich auf einen imaginären Stuhl und stützen Sie sich dafür mit den Händen auf der Sofakante ab. Die Beine bleiben zusammen. Jetzt die Arme beugen und den Po absenken. Die Arme strecken und sich wieder hochstemmen. Die Übung 3- bis 8-mal wiederholen. Sie kann an den Ruhetagen oder auch am Ende Ihres Workouts ausgeführt werden.

3 Die Beine scherenartig im Wechsel grätschen, wenn nötig, den Bewegungsradius einschränken. Die Schulterblätter nach unten schieben, sobald Sie ein Bein an den Körper ziehen. Auf ein Set (2 Grätschen) ein- und auf ein Set ausatmen. Die Übung 5- bis 8-mal mit beiden Beinen im Wechsel wiederholen.

Auf das Powerhouse konzentrieren

SPINE STRETCH FORWARD

Bei dieser Variante der Basisübung *Wirbelsäulendehnung nach vorn* wird ein Magic Circle (Magischer Ring) bzw. ein Ball mit 40 cm Durchmesser verwendet, um den Oberkörper zu trainieren. Das Hilfsmittel sorgt für einen Widerstand, der die Übung noch effektiver macht. Denken Sie daran, ständig Druck auf Ring oder Ball auszuüben, damit die Übung ihre volle Wirkung entfalten kann.

Ein Ball mit 40 cm Durchmesser kann den Magic Circle ersetzen.

1 Führen Sie mehrmals die Basisübung *Wirbelsäulendehnung nach vorn* (s. S. 32–33) aus und platzieren Sie dann den Magic Circle bzw. Ball etwa eine Armeslänge von sich entfernt auf dem Boden. Legen Sie beide Hände darauf und aktivieren Sie Ihr Powerhouse.

Kniekehlen in den Boden drücken

Zehenspitzen anziehen

SPINE STRETCH FORWARD

Der Nacken bleibt lang, Schultern nicht hochziehen.

2 Einatmen. Die Körpermitte nach hinten nehmen. Ausatmen und versuchen, den Kopf zwischen die Arme zu bringen. Die Wirbelsäule dabei zu einem C »runden«. Währenddessen Ring zusammendrücken und die Spannung während der gesamten Übung halten. Die Arme lang machen, aber nicht durchdrücken.

3 Einatmen und in die Startposition zurückkehren, dabei den Nabel zur Wirbelsäule ziehen. Rollen Sie sich Wirbel für Wirbel auf. Die Übung 3- bis 5-mal wiederholen.

PILATES-TIPPS

- **Der Magic Circle steht senkrecht zum Boden** – nicht kippen!
- **Der Nacken bleibt gerade,** Unterarme eventuell etwas tiefer nehmen.
- **Gleichmäßig Druck auf den Ring oder Ball ausüben**, nicht »wippen«!
- **Die Wirbelsäule strecken** und erst dann runden – nicht nach vorn kippen.
- **Ellbogen locker lassen.** Umfassen Sie den Ring mit langen, lockeren Armen.
- **Nehmen Sie sich Zeit!** Bis drei zählen und dabei langsam in die Dehnung gehen. Nicht ruckartig nach vorn kommen, sondern die Position halten.

PUSH UPS

Die Original-*Liegestütze* können für Frauen eine ziemliche Herausforderung darstellen. Mit der hier vorgestellten, etwas vereinfachten Variante lässt sich der korrekte Bewegungsablauf gut einüben. Sobald Sie diese Anfänger-Version beherrschen, können Sie mit den normalen Pilates-*Liegestützen (s. S. 73)* weitermachen.

1 Stellen Sie sich aufrecht an das hintere Ende der Matte, die Beine in Pilates-Stellung. Jetzt den Oberkörper langsam abrollen, bis die Arme den Boden erreichen. Dabei das Gewicht nicht auf die Fersen verlagern, sondern die Hüften genau über den Füßen lassen.

Die Hände befinden sich genau unter den Schultern.

Die Taille bleibt stabil.

2 Dann wandern die Hände auf der Matte nach vorn, bis Ihr Körper in Liegestützposition ist. Knie und Füße bleiben zusammen. Schultern, Hüften und Knie bilden eine Linie. Die Gesäßmuskeln anspannen, um den unteren Rücken zu stützen. Auf der Abbildung sieht man, wie ich Erekas Bauchmuskeln sowie ihren unteren Rücken stütze, um für eine gute Haltung und ein aktiviertes Powerhouse zu sorgen.

PUSH UPS

Ellbogen an den Körper ziehen

Gesäßmuskeln anspannen

Die Beine bleiben zusammen.

3 Den Körper langsam bis knapp über den Boden senken, dabei die Ellbogen eng an den Körper ziehen. Danach wieder hochkommen. 3 Sets mit 3–5 Wiederholungen ausführen, zwischen den Sets kurz pausieren *(s. Schritt 4)*.

4 Am Ende jedes Sets auf die Fersen zurückgleiten, um den unteren Rücken zu entspannen. Der Kopf bleibt unten, die Arme sind nach vorn gestreckt. Gleichmäßig weiteratmen, aber die Bauchmuskeln angespannt lassen.

FLEISSARBEIT TRICEPS STRETCH

Als Ausgleich zu den Liegestützen sollten Sie sich angewöhnen, die *Trizepsdehnung* zu absolvieren. Wie alle Dehnübungen funktioniert auch diese am besten, wenn der Körper aufgewärmt ist. Bringen Sie eine Hand auf Ihren Rücken und lassen Sie sie die Wirbelsäule hinuntergleiten. Nehmen Sie den Ellbogen dabei so weit wie möglich hinter den Kopf. Greifen Sie mit der anderen Hand über Ihren Kopf und umfassen Sie den Ellbogen. Blicken Sie nach vorn und knicken Sie nicht in der Brust ein. Ziehen Sie den Ellbogen vorsichtig aber bestimmt in Richtung Körpermitte. Halten Sie die Dehnung 10–15 Sekunden lang. Die Übung mit dem anderen Arm wiederholen. Die *Trizepsdehnung* an den Ruhetagen oder am Ende jedes Workouts ausführen.

ARMÜBUNGEN: BICEPS CURL FRONT

Das Armbeugen vor dem Körper ist eine Übung der traditionellen Pilates Mat. Trainieren Sie mit 1–1,5 kg schweren Kurzhanteln und arbeiten Sie mit einem imaginären Widerstand, um den Schwierigkeitsgrad zu erhöhen *(s. Resist-A-Hug, S. 58)*. Aktivieren Sie während der Armübungen Ihr Powerhouse und versuchen Sie, Ihre Haltung in einem Spiegel zu kontrollieren.

Nacken und Schultern bleiben entspannt.

Die rückseitige Beinmuskulatur ist angespannt.

Bei jedem Beugen und Strecken gegen einen Widerstand arbeiten.

Nicht zurücklehnen, sondern gerade stehen bleiben.

1 Aufrecht in der Pilates-Stellung hinstellen. Einen Reißverschluss visualisieren, der von Ihren Fersen bis zum Po verläuft, und die Gesäßmuskeln anspannen. Die Hanteln in der Mitte umfassen. Beide Arme auf Schulterhöhe heben. Die Handflächen zeigen nach oben, die Arme sind gestreckt, aber nicht durchgedrückt.

2 Die Ellbogen bleiben in Schulterhöhe, während Sie die Arme beugen und strecken. Die Übung 5-mal wiederholen. Beim Beugen ein- und beim Strecken ausatmen. Auf 8–10 Wiederholungen steigern. Anschließend mit dem Biceps Curl Side *(s. rechte Seite)* fortfahren.

ARMÜBUNGEN: BICEPS CURL SIDE

Mit dem *Armbeugen zur Seite* trainieren Sie nicht nur den Bizeps, sondern auch die mittleren Schultermuskeln. Unmittelbar nach dem Biceps Curl Front können Ihre Muskeln bereits ermüdet sein. In diesem Fall kurz pausieren, bevor Sie mit dieser Übung fortfahren. Die Kraft aus der Körpermitte holen.

Auf eine gerade Haltung und die Pilates-Stellung achten.

1 Die Arme vor dem Körper sinken lassen und gleich danach seitlich in Schulterhöhe ausstrecken. Handgelenke nicht abwinkeln, die Handflächen zeigen zur Zimmerdecke.

2 Die Unterarme anwinkeln. Übung 5-mal wiederholen. Beim Beugen ein- und beim Strecken ausatmen. Auf 8–10 Wiederholungen steigern.

FLEISSARBEIT
STANDING FLYS
Folgende Übung funktioniert wie der klassische Butterfly, den man in vielen Fitness-Studios am Gerät trainiert. Die perfekte Ergänzung zu den nebenstehenden Armübungen, sobald Sie genügend Kondition dafür haben. In der Endposition des Armbeugens zur Seite bleiben und die Ellbogen nach vorn führen. Handflächen und Ellbogen zeigen zueinander. Gegen Widerstand trainieren, indem Sie die Ellbogen zusammen- und wieder zur Seite drücken. Auf 10 Wiederholungen steigern. Die Übung an den Ruhetagen, nach den Armübungen oder am Ende Ihres Programms ausführen.

ARMÜBUNGEN: ZIP UP

Nach dem Bizeps *(s. S. 48–49)* widmen wir uns nun dem Trizeps, der auf der Rückseite der Oberarme verläuft. Die erste Trizepsübung heißt *Den Reißverschluss zumachen*. Auch hier wird wieder gegen einen imaginär weit höheren Widerstand trainiert.

Die Ellbogen sind höher als die Hände.

1 Aufrecht stehen. Die Pilates-Stellung einnehmen. Die Hanteln vor die Oberschenkel halten. Das Körpergewicht gleichmäßig auf die Fußsohlen verteilen. Nicht kippen. Die Handflächen zeigen zum Körper, der Nabel ist zur Wirbelsäule gezogen.

2 Die Hanteln entlang der Mittelachse des Körpers bis unter das Kinn heben. Nacken und Schultern bleiben entspannt. Beim Heben einatmen, die Ellbogen zur Seite strecken. Ausatmen und in die Startposition zurückkehren. Übung 5- bis 8-mal wiederholen und mit *The Shaving (s. rechte Seite)* fortfahren.

ARMÜBUNGEN: THE SHAVING

Die letzte Armübung heißt *Die Rasur*. Die Arme werden nah am Körper gehoben und wieder gesenkt. Bei dieser Übung dürfen Sie sich ein klein wenig nach vorn neigen und das Gewicht auf die Fußballen verlagern.

Geradeaus schauen

Arme nach oben strecken

1 Aufrecht stehen und die Pilates-Stellung einnehmen. Einatmen, die Hanteln hinter den Kopf bringen und das Kinn ein wenig zur Brust neigen. Die Gewichte weit in den Nacken hängen lassen. Der Brustkorb ist entspannt, die Ellbogen zeigen zur Seite.

2 Ausatmen und beide Arme nach oben führen. Stellen Sie sich vor, die Hanteln wären schwerer, als sie tatsächlich sind. Die Übung 5-mal wiederholen. Auf 8-mal steigern.

FLEISSARBEIT
SIDE STRETCH

Für die *Dehnung zur Seite* einen Arm mit dem Gewicht über den Kopf strecken, den anderen Arm hängen lassen. Stellen Sie sich vor, jemand zöge Sie an dem gestreckten Arm schräg nach oben. Versuchen Sie, sich nach oben zu strecken. Den Nabel zur Wirbelsäule ziehen, 3–5 Sekunden in der Dehnung bleiben. Weiter nach oben streben, in die Mitte zurückkehren und den Arm langsam sinken lassen. Mit dem anderen Arm wiederholen.

EREKAS ZWISCHENBERICHT

EREKAS MEINUNG
»Immer wieder liest man, dass ein Star mit Hilfe von X, Y oder Z etwas für seine Figur getan hat. Vor allem Pilates scheint in letzter Zeit ein echter Geheimtipp zu sein. Als New Yorkerin reizt mich alles Neue – erst recht, wenn es sich dabei um eine Fitnessmethode handelt, die mir zur Traumfigur verhelfen soll. Ich bin immer mal wieder zu Pilates-Kursen gegangen, hatte aber nie Einzelunterricht, geschweige denn Erfahrung mit diesen merkwürdigen Hilfsmitteln.

Ich dachte immer, Po und Oberschenkel wären meine Problemzonen. Aber Alycea hat nur einen Blick auf meine Arme geworfen und gemeint, ich solle diese Körperpartie trainieren. Ich bin gespannt, wie sich Pilates diesmal auf meinen Körper auswirken wird – und hoffe, die Traumfigur ist in greifbarer Nähe!«

UND DAS SAGT ALYCEA:
Nach den ersten Sitzungen sah ich, dass Ereka besser definierte Armmuskeln hatte, wenn sie mit Gewichten oder dem Magic Circle arbeitete. Am auffälligsten war jedoch, wie viel Kraft sie in kürzester Zeit entwickelte. So ersetzte Sie die Anfänger-Push-Ups *(s. S. 46–47)* in nur drei Wochen durch richtige Liegestützen *(s. rechte Seite)*.

Ereka lernte so schnell, dass ich misstrauisch wurde. Als ehemalige Tänzerin war sie sehr gelenkig und besaß eine rasche Auffassungsgabe. Nach den ersten Sitzungen merkte ich, dass wir uns zu viel auf einmal vorgenommen hatten. Wir mussten das Tempo drosseln und Erekas Trainingsgewohnheiten etwas genauer unter die Lupe nehmen. Bei unserer nächsten Sitzung achtete ich noch mehr darauf, wie Ereka meine Anweisungen befolgte. Endlich begriff ich, was los war: Ereka konnte jede Übung mühelos nachahmen, aber sie trainierte nur oberflächlich. Ihre Bewegungen waren zwar schön anzusehen, aber die Muskeln, um die es ging, wurden nicht wirklich aktiviert. Sie ging die Pilates-Sitzung an wie ein Ballett-Training. Nachdem wir unser Tempo verlangsamt und die einzelnen Übungen genau analysiert hatten, verbesserten sich Erekas Leistungen deutlich. Sie begann, richtig hart an sich zu arbeiten. Zum ersten Mal geriet sie dabei ordentlich ins Schwitzen!

UND WEITER GEHT'S!
Wenn Sie die folgenden Fragen mit Ja beantworten können, dürfen Sie mit den nächsten Übungen weitermachen.

Haben Sie auch die Basisübungen aus Woche 1 nicht vergessen? Die Basisübungen sind Ihre Geheimwaffe. Selbst wenn Sie das komplette Programm einmal nicht absolvieren können – für die sieben Basisübungen finden Sie bestimmt Zeit!

Schaffen Sie The Hundred? Das heißt alle 100 Pumpbewegungen in 10 Atemzyklen? Wenn der Oberkörper gut durchblutet ist, sehen Sie auch schneller Erfolge.

Haben Sie verinnerlicht, was »Arme strecken« bedeutet? Vor allem wenn Sie mit dem Ring oder Ball trainieren, dürfen Sie die Arme nie durchdrücken, die Ellbogen bleiben immer leicht gebeugt.

Haben Sie bei den Armübungen auf eine korrekte Haltung geachtet? Wenn Sie nach vorn zusammensacken oder Ihre Haltung anderweitig vernachlässigen, übernehmen die »falschen« Muskeln die Arbeit.

DIE ÜBUNGEN IM RÜCKBLICK

Während der ersten vier Wochen modifizierten wir mehrere Übungen, um Erekas Körperbeherrschung zu verbessern. Je mehr Kraft und Selbstvertrauen Ereka entwickelte, desto schwieriger gestaltete ich die Übungen. Bei der Übung Spine Stretch Forward *(Wirbelsäulendehnung nach vorn)* nahm sie den Magic Circle dazu *(s. S. 44–45)*. Bei den Armübungen begann Ereka mit 1 kg schweren Kurzhanteln, um bald darauf auf 1,5 kg schwere Gewichte umzusteigen. Unten sehen Sie weitere Variationen, die wir einführten, um Ereka noch effizienter zu trainieren. Wenn Sie möchten und sich sicher genug fühlen, können Sie die Übungen in Ihr Programm integrieren. Statt dem Magic Circle (Magischer Ring) können Sie auch einen Ball von 40 cm Durchmesser verwenden.

▲ **The Hundred** Ereka trainierte *Die Hundert* *(s.S. 20–21)* mit dem Magic Circle. Sie hielt ihn in ihren gestreckten Armen und übte gleichmäßig Druck darauf aus. Schließlich führten wir eine Pumpbewegung ein, um ihre Muskeln weiter zu kräftigen.

▲ **Single Leg Circles** Wenn man beim Training für den Oberkörper den Magic Circle verwendet, fördert man das Bewusstsein für das Zusammenwirken des Körpers. Um Ereka den Bewegungsablauf des Beinkreisens zu zeigen, führte ich ihr Bein während des ersten Sets.

◀ **Push Ups** Sobald Ereka die Anfänger-Variante beherrschte *(s. S. 46–47)*, ging es mit klassischen Liegestützen weiter. Dazu spannte Ereka ihre Rumpfmuskeln so stark an, dass der Oberkörper hart wie ein Brett wurde. Mit der Zeit gelang es ihr, immer tiefer zu gehen und den Bewegungsradius Schritt für Schritt zu erhöhen *(s. auch S. 73)*.

WOCHE
FÜNF, SECHS, SIEBEN

Die zweite Phase des Programms für den Oberkörper enthält komplexere Übungen, die den Oberkörper nicht nur kräftigen, sondern auch strecken und dehnen. Außerdem werden einige Übungen mit Kurzhanteln eingeführt.

SINGLE LEG KICK

Das Kicken mit einem Bein ist die erste Übung, die auf dem Bauch liegend ausgeführt wird. Bei der Pilates-Methode macht man Dehnübungen erst dann, wenn das Powerhouse bereits kräftig genug ist. Die Vorarbeit, die wir in den Wochen 1–4 geleistet haben, erlaubt uns nun, die Brustmuskeln zu dehnen und zu stärken.

1 Legen Sie sich auf den Bauch und stützen Sie sich auf die Ellbogen. Die Arme bilden einen Halbkreis, die zu Fäusten geballten Hände berühren sich. Den Nabel zur Wirbelsäule ziehen, die Oberschenkel zusammenpressen und die Gesäßmuskeln anspannen. Die Schulterblätter nach unten ziehen.

Die Arme bilden vor dem Körper einen Halbkreis.

Den Nabel zur Wirbelsäule ziehen

Die Hüften bleiben auf der Matte.

SINGLE LEG KICK 55

2 Ein Bein zweimal nach oben schwingen, sodass die Zehen den Po berühren *(Doppelkick)*. Bein strecken und gleichzeitig das andere zweimal nach oben schwingen. Das ist ein Set. Mit beiden Beinen im Wechsel ausführen. Die Hüften bleiben am Boden.

Die Gesäßmuskeln sind angespannt.

Brustkorb heben

Die Knie bleiben zusammen.

Die Beine bleiben zusammen.

3 Weitere Doppelkicks mit beiden Beinen im Wechsel ausführen. Der Oberkörper darf nicht in sich zusammensinken! Die Arme in die Matte pressen, um den Oberkörper zu heben. Insgesamt 4–5 Sets ausführen und dabei gleichmäßig ein- und ausatmen.

FLEISSARBEIT FLYING EAGLE

Wenn Sie cas Kicken mit einem Bein beherrschen, können Sie der *Fliegenden Adler* absolvieren. Auf den Bauch legen und die Arme auf der Matte nach vorn ausstrecken. Kopf und Arme anheben und die Arme erst zur Seite und dann nach hinten führen. Dabei weiter nach oben kommen. Langsam in die Startposition zurückkehren und den Oberkörper wieder auf die Matte legen. Die Beine dürfen sich etwas voneinander lösen, um die Lendenwirbel zu schützen. Übung 1- bis 2-mal wiederholen und dann pausieren.

DOUBLE LEG KICK

Damit schön geformte Arme wirklich zur Geltung kommen, braucht man bewegliche Brustmuskeln und eine gute Haltung. Für ein ausgewogenes Workout führen wir jetzt das *Kicken mit beiden Beinen* ein. Diese Übung dehnt die Brustmuskulatur, erhöht die Beweglichkeit der Schultern und stärkt den oberen Rücken.

1 Legen Sie sich bäuchlings flach auf die Matte. Eine Wange berührt den Boden, die Beine sind gestreckt. Eine Hand umfasst die andere. Jetzt beide Hände so weit oben wie möglich auf den Rücken legen. Die Handflächen zeigen zur Zimmerdecke. Die Ellbogen bleiben auf der Matte, die Schultern sind entspannt.

Die Ellbogen bleiben auf der Matte.

Eine Hand umfasst locker die andere.

2 Die Hüftknochen in den Boden drücken und die Oberschenkel zusammenpressen. Einatmen, beide Beine anwinkeln und die Füße zum Gesäß bringen. Dreimal kurz auf den Po kicken, ohne die Hüften dabei vom Boden zu lösen.

Die Gesäßmuskeln während der Kicks anspannen.

DOUBLE LEG KICK

3 Ausatmen, Arme und Beine strecken und mit dem Oberkörper von der Matte hochkommen. Dabei nicht vergessen, das Powerhouse zu aktivieren. Oberkörper so auf die Matte ablegen, dass nun die andere Wange den Boden berührt. Die Hände auf den oberen Rücken legen. Die Übung auf dieser Seite wiederholen. Das ist ein Set. 2–3 Sets machen.

Die Arme befinden sich über dem Po.

Die Brust bleibt offen, der Blick ist nach vorn gerichtet.

4 Nach dem letzten Set beide Hände neben den Schultern auf die Matte legen. Sich auf die Fersen setzen und den unteren Rücken dehnen. Einen Moment so verharren und tief ein- und ausatmen.

PILATES-TIPPS

- **Die Ellbogen bleiben am Boden.** Falls Ihnen das nicht gelingt, die Hände weiter unten auf den Rücken legen.
- **Die Hände verschränken,** sobald der Oberkörper hochkommt. Den Oberkörper so noch weiter nach oben ziehen.
- **Den Rücken schützen:** Dazu die Bauchmuskeln anspannen und die Bewegung damit kontrollieren.
- **Gehen Sie bis an Ihre Grenzen!** Beim Kicken sollen die Fersen den Po berühren, ansonsten bleiben die Fußrücken auf der Matte.
- **Mit Schwung kicken!** Trainieren Sie nach dem Rhythmus »Kick-2-3 und Dehnen-2-3.«

RUDERÜBUNGEN: THE SHAVING

Diese Übungen werden im Studio auf einem Gerät namens Universal Reformer (oder Plié-Maschine) absolviert, aber mit Kurzhanteln auf der Matte geht es genauso gut. Um die Arme zu kräftigen und den Bewegungsradius zu erhöhen, müssen Sie außerdem Ihr Powerhouse aktivieren. Trainieren Sie zusätzlich gegen einen imaginären Widerstand.

Ellbogen zur Seite nehmen

Den Oberkörper leicht nach vorn neigen.

Nacken und Schultern sind entspannt

1 Setzen Sie sich im Schneidersitz auf die Matte und drücken Sie die Knie so weit wie möglich zum Boden. In jeder Hand halten Sie eine 1 kg schwere Hantel. Beide Arme über den Kopf führen, anwinkeln und die Gewichte tief in den Nacken hängen lassen. Den Nabel zur Wirbelsäule ziehen und nicht ins Hohlkreuz gehen.

2 Einatmen. Beim Ausatmen beide Arme hochstrecken, so als wollten Sie sich den Hinterkopf „rasieren". Den Nabel dabei noch weiter zur Wirbelsäule ziehen. Die Übung 3- bis 5-mal wiederholen. Für The Hug *(s. rechte Seite)* sitzen bleiben.

FLEISSARBEIT
RESIST-A-HUG

Der Universal Reformer, den Sie in jedem Pilates-Studio finden können, verfügt über Metallfedern, mit denen sich verschiedene Widerstände einstellen lassen. Um diesen Effekt zu Hause zu imitieren, müssen Sie gegen einen imaginären Widerstand trainieren. Versuchen Sie die so genannte Resist-A-Hug-Position einzunehmen: Die Arme bilden einen Halbkreis. Während Sie sie zur Seite nehmen, stellen Sie sich vor, eine Kraft würde sie zusammendrücken. Die Übung »umkehren« und jetzt mit großer Anstrengung gegen einen Widerstand andrücken. Wiederholen Sie beide Varianten 3-mal.

RUDERÜBUNGEN: THE HUG

Die Umarmung ist eine hervorragende Übung für die Oberarm- und Brustmuskeln. Wenn Sie das Prinzip von Druck und Gegendruck erst einmal begriffen haben, sollten Sie es auf alle anderen Übungen dieses Buches übertragen. Damit können Sie Ihre Figur wesentlich schneller formen und straffen.

Den Nabel zur Wirbelsäule ziehen

1 Setzen Sie sich aufrecht hin und strecken Sie die Arme zur Seite. Bei dieser Übung hängt alles von der richtigen Armhaltung ab: Die Schultern sind höher als die Ellbogen und die Ellbogen höher als die Handgelenke.

2 Einatmen. Ausatmen und dabei die Arme zusammendrücken. Stellen Sie sich dabei vor, Sie wollten Ihre Lunge »auswringen«. Die Übung 3-mal wiederholen und dann 3-mal im umgekehrten Atemrhythmus ausführen: Die Arme beim Ausatmen nach außen und beim Einatmen nach innen drücken.

ARMÜBUNGEN: BOXING

Das Boxen kräftigt die oberen Rückenmuskeln und verbessert die Koordination. Dabei stets das Powerhouse aktivieren, um den Rücken zu schützen und das Maximum aus der Übung herauszuholen.

Taille anheben

Die Füße sind hüftbreit auseinander.

1 Den Oberkörper parallel zum Boden bringen. Die Knie sind leicht gebeugt, die Ellbogen zeigen nach hinten. Die Hände mit den Gewichten befinden sich direkt neben den Achseln.

2 Beim Ausatmen einen Arm nach vorn und den anderen nach hinten strecken. Einatmen, die Arme an den Körper ziehen, beim Ausatmen Arme wechseln. Das ist ein Set. Der vordere Arm zeigt jeweils zum Boden, der hintere zur Zimmerdecke.

Arme wechseln, ohne hin und her zu wackeln

Der Oberkörper und die gestreckten Arme sind parallel zum Boden.

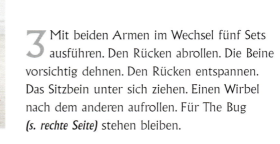

Der Kopf hängt zwischen den Armen.

3 Mit beiden Armen im Wechsel fünf Sets ausführen. Den Rücken abrollen. Die Beine vorsichtig dehnen. Den Rücken entspannen. Das Sitzbein unter sich ziehen. Einen Wirbel nach dem anderen aufrollen. Für The Bug *(s. rechte Seite)* stehen bleiben.

ARMÜBUNGEN: THE BUG

Der Käfer ist die Pilates-Variante traditioneller Flyings. Dabei werden der obere und mittlere Rücken sowie die Oberarmrückseiten trainiert. Führen Sie die Übung langsam und kontrolliert aus.

Die Beine sind parallel.

Kopf und Wirbelsäule bilden eine Linie.

Die Knie sind gebeugt.

1 Der Rumpf ist parallel zum Boden, die Knie sind leicht gebeugt. Der Rücken bleibt gerade, die Körpermitte heben. Die Ellbogen beugen, sodass die Arme einen Kreis bilden. Die Gewichte befinden sich direkt unter dem Brustbein. Ellbogen locker lassen.

2 Einatmen, dann ausatmen und die Arme gegen einen viel stärkeren imaginären Widerstand zur Seite strecken. Einatmen und gegen denselben imaginären Widerstand in die Startposition zurückkehren. Übung 5- bis 8-mal wiederholen. Den Oberkörper mit rundem Rücken nach vorn hängen lassen und anschließend Wirbel für Wirbel aufrollen.

EREKAS ZWISCHENBERICHT

UND DAS SAGT ALYCEA:
Nach 20 Sitzungen hatte Ereka große Fortschritte gemacht und gelernt, die Körpermitte so zu kräftigen, dass sie die Wirbelsäule dehnen und verlängern konnte. Inzwischen absolvierte sie die Armübungen *(s. S. 60–61)* schon mit 1,5 kg schweren Gewichten und hatte die Anzahl ihrer Wiederholungen erhöht. Außerdem wiederholten wir einige der Ruderübungen. Manchmal beschwerte sie sich, das Training sei zu hart, aber sie hielt durch und erschien pünktlich zu jeder Sitzung.

Ihre Grenzen zu erweitern – das war das Schwierigste in dieser Übungsphase. Obwohl Ereka die Übungen in genau der von mir geforderten Anzahl absolvierte, machten ihre Muskeln von einem bestimmten Punkt an immer wieder schlapp und andere übernahmen die Arbeit. Fünf Armbeugen schaffte sie mühelos, aber nach acht Wiederholungen verkrampfte sie die Schultern. Für sie bestand die Herausforderung darin, die Wiederholungen zu steigern und die Übung trotzdem korrekt auszuführen. Damit das funktionierte, sollte sich Ereka während des Trainings auf andere Körperteile konzentrieren. Während der Armübungen, zum Beispiel, achtete sie jetzt in erster Linie auf das Powerhouse und die Atmung. Das lenkte sie so von den Armen ab, dass sie die Übung korrekt ausführte. Was Ausdauer, Technik und Kraft anging, machte sie Riesenfortschritte.

EREKAS MEINUNG
»Ich hatte schon immer lange, dünne Arme. Ich konnte trainieren, was ich wollte – Yoga, Jogging oder mit Gewichten – und entwickelte trotzdem keine Armmuskeln. Erst Pilates brachte den Erfolg. Nach sieben Wochen mit jeweils drei Sitzungen sehe ich deutliche Fortschritte.

Leicht ist mir das allerdings nicht gefallen. Jeder, der behauptet, bei Pilates gerate man nicht ins Schwitzen, hat noch nicht bei Alycea Ungaro trainiert! Ich schwitze, die Muskeln brennen und schmerzen, aber zum Glück immer nur kurz. Das Training macht trotzdem viel Spaß! Alycea meinte, das Oberkörpertraining würde meiner Figur mehr Ausgewogenheit verleihen. Jetzt sehe ich auch, dass sie Recht damit hatte! Ich freue mich schon auf die letzte Übungseinheit.«

UND WEITER GEHT'S!
Wenn Sie die folgenden Fragen mit Ja beantworten können, dürfen Sie mit den nächsten Übungen weitermachen.

Können Sie bei den Übungen in Bauchlage die Körpermitte stabilisieren?
Wer noch ins Hohlkreuz geht, überlastet den unteren Rücken und riskiert Verletzungen.

Schaffen Sie flüssige Bewegungsabläufe?
Gelingt es Ihnen die einzelnen Übungen übergangslos miteinander zu verbinden?

Aktivieren Sie bei den Armübungen bewusst das Powerhouse?
Lassen Sie sich durch Hilfsmittel wie Gewichte oder den Magic Circle nicht ablenken: Die Bewegung muss immer aus der Körpermitte heraus entstehen.

Unterstützt die Atmung die Bewegung?
Atmen Sie bei Anstrengung immer aus. Entleeren Sie Ihre Lunge vollständig, indem Sie den Nabel fest zur Wirbelsäule ziehen.

DIE ÜBUNGEN IM RÜCKBLICK

Diese Phase war wichtig, um Erekas Muskelgedächtnis zu schulen und ihr einige schlechte Angewohnheiten auszutreiben. Ereka musste lernen, jede Bewegung langsam und kontrolliert auszuführen, anstatt um jeden Preis eine gute Figur machen zu wollen. Ich rief ihr in Erinnerung, dass jede Übung aus der Körpermitte heraus entstehen muss. Wir übten mit Druck und Gegendruck, damit sie stabile und kräftige Kernmuskeln bekam.

◄ **Double Leg Kick** Ereka besaß einen unglaublich großen Bewegungsradius, aber ihr fehlte die Kraft, um ihren Rücken zu entlasten. Indem ich beim *Kicken mit beiden Beinen (s. S. 56–57)* ihre Füße festhielt, konnte ich ihr zeigen, was für einen Unterschied kräftige Kernmuskeln machen.

▲ **The Hug** Für *Die Umarmung (s. S. 59)* musste Ereka gegen einen noch stärkeren imaginären Widerstand antrainieren. Damit ihr das leichter fiel, sorgte ich für die nötige Gegenkraft. Anschließend gelang es ihr selbst, diesen Widerstand mental herzustellen.

▲ **The Shaving** Bei der Übung *Die Rasur (s. S. 58)* steigerten wir den Schwierigkeitsgrad dadurch, dass Ereka die Arme gerade zur Zimmerdecke hochstrecken musste. So wurde die Brust gedehnt und der Trizeps zusätzlich beansprucht.

WOCHE
ACHT, NEUN, ZEHN

Die Übungen des letzten Teils sind für Körper und Geist eine echte Herausforderung. Während Sie die Muskeln neue Bewegungen ausführen lassen, sollten Sie sich die Prinzipien früherer Übungen vergegenwärtigen.

LEG PULL DOWN

Der Beinzug nach unten ist die zweite Übung nach den Push Ups in Woche 2, 3, 4 *(s. S. 46–47)*, bei der mit dem eigenen Körpergewicht trainiert wird. Jetzt müssen Sie sich nicht nur auf einen kräftigen Oberkörper, sondern auch auf Ihr Powerhouse verlassen können. Freuen Sie sich, wenn Ihr Körper vor Anstrengung zittert: Das heißt, dass Sie Ihre Muskeln wirklich maximal beanspruchen.

1 Im Anschluss an die Ruhestellung der Push Ups *(s. S. 46–47)* stellen Sie sich auf die Zehenspitzen und nehmen die Liegestützposition ein. Die Hände befinden sich genau unter den Schultern. Gesäß- und Beinmuskeln anspannen, um die Rückseiten der Beine gegeneinander zu drehen. Ihr Oberkörper ist so hart und gerade wie ein Brett.

Das Powerhouse aktivieren

Fersen nach oben

LEG PULL DOWN

2 Jetzt ein Bein anheben und mit gestreckten Zehen nach hinten ziehen, ohne das Gewicht zu verlagern. Die Ferse des aufgestellten Beins zweimal kurz nach hinten dehnen.

Die Ferse nach hinten ziehen.

Die Schultern befinden sich hinter den Handgelenken.

Die Ferse des stehenden Fußes zweimal kurz nach hinten dehnen.

Schultern wieder über den Handgelenken

3 Mit dem aufgestellten Fuß in die Startposition zurückkehren und den anderen wieder auf der Matte abstellen. Die Beine wechseln *(s. kleines Bild)*, ohne dass die Fersen den Boden berühren. Fersen erneut dehnen. Das ist ein Set. 3–4 Sets im Wechsel mit beiden Beinen ausführen. Auf die Fersen absetzen *(s. kleines Bild, Schritt 1)*.

FLEISSARBEIT SCAPULAR PUSH UPS

Diese Übung kräftigt einen Muskel namens *Serratus anterior*, der auch Sägezahnmuskel genannt wird. Dieser Muskel, der am Brustkorb ansetzt, stabilisiert den Schultergürtel, wenn wir die Arme bewegen. Nehmen Sie dieselbe Startposition ein wie bei den Liegestützen und strecken Sie die Arme. Stellen Sie sich vor, Sie wollten die Schulterblätter hinten »zusammenkneifen«. Dann kehren Sie die Bewegung um, runden den Rücken und ziehen die Schulterblätter so weit wie möglich auseinander. Die Übung 5- bis 10-mal wiederholen und danach auf den Fersen zu sitzen kommen *(s. kleines Bild Schritt 1)*. Diese *Schulterblätter-Liegestütze* an den Ruhetagen oder im Anschluss an das Workout absolvieren.

LEG PULL UP

Der Beinzug nach oben ist gewissermaßen die Umkehrung des *Beinzugs nach unten* (s. S. 64–65), nur dass diesmal verstärkt die Oberkörper- und Gesäßmuskulatur beansprucht wird. Für manche mag sich die Übung komisch anfühlen, aber das wird besser, wenn man den Körper als Ganzes wahrnimmt und die Bewegung aus der Körpermitte heraus entstehen lässt.

1 Setzten Sie sich aufrecht auf die Matte und stützen Sie sich mit beiden Händen hinter dem Körper ab. Die Finger zeigen zu den Füßen. Mit einer Bewegung die Hüften hochstemmen und das Gewicht auf Hände, Füße und Powerhouse verteilen.

Der Blick ist nach vorn gerichtet.
Brustkorb heben
Die Finger zeigen zu den Füßen.

2 Auf die »Box« achten, Schultern und Hüften stabilisieren. Ausatmen und dabei ein Bein hochkicken, ohne die Haltung zu verändern. Dabei das Bein so lang wie möglich machen. Die Zehen sind entspannt. Nicht das Gleichgewicht verlieren!

Das Bein lang machen.
Die Hüften bleiben oben.

LEG PULL UP

3 Wenn der Fuß den höchsten Punkt erreicht hat, einatmen und die Ferse nach vorn schieben. Ausatmen und das Bein bis knapp über die Matte absenken. Mit demselben Bein 2–3 Beinzüge nach oben absolvieren und den Fuß dann auf die Matte legen.

Die Ferse nach vorn schieben.

Brustkorb nicht verkrampfen

4 Nachdem das Bein gesenkt ist, das andere nach oben kicken und die Übung damit wiederholen. Zum Schluss auf die Matte setzen und ausruhen.

Der Po bleibt oben.

PILATES-TIPPS

- **Den Oberkörper ruhig halten** – er sollte von den Bewegungen völlig unbeeinflusst bleiben. Den Bewegungsradius so weit einschränken, dass das funktioniert.
- **Das Powerhouse aktivieren.** Der Po darf die Matte nicht berühren.
- **Sanft anfangen.** Wer möchte, kann die Übung auch nur einmal mit beiden Beinen im Wechsel machen, um sich nicht zu überanstrengen.
- **Die Fußgelenke ausschütteln,** sobald Sie die Übung beendet haben. Das fördert die Durchblutung und löst Verspannungen.
- **Die Knie zeigen stets nach oben.** Auf diese Weise verhindern Sie, dass die Fußgelenke falsch belastet werden.

MAGIC CIRCLE: ÜBUNGEN I

Jetzt folgt eine neue Übungsserie mit dem Magischen Ring. Wenn Sie das Programm für den Oberkörper komplett absolvieren, beginnen Sie zunächst mit den Übungen auf der Matte. Dann folgen die hier vorgestellten Übungen mit dem Magic Circle und zum Schluss die Armübungen. Die beiden letzten Übungen können Sie auch abwechselnd ausführen, wenn Sie einmal nicht so viel Zeit haben.

Die Übung wurde für den Magic Circle entwickelt, Sie können aber auch einen Ball mit 40 cm Durchmesser verwenden.

BRUST

Den Ball oder Magic Circle mit gestreckten Armen vor die Brust halten. Wenn Sie den Ring verwenden, wölben Sie die Hände beim Drücken um die Schaumstoffgriffe. Zunehmend Druck auf Ball oder Ring ausüben, dabei bis 3 zählen und wieder locker lassen. Wiederholen Sie die Übung 5-mal.

- Nabel zur Wirbelsäule ziehen
- Die Gesäßmuskeln anspannen
- Beine in Pilates-Stellung

PILATES-TIPPS

- **Abstand einfrieren.** Die Hände bleiben während der gesamten Übung gleich weit vom Körper entfernt.
- **Die Körperrückseite trainieren.** Während des Zusammendrückens des Hilfsmittels die Rückseiten der Beine zueinander drehen, die Gesäßmuskeln anspannen und eine gerade Haltung einnehmen.
- **Die Gelenke nicht durchdrücken.** Die Arme sind lang, aber die Ellbogen bleiben weich.
- **Mit den Kräften haushalten.** Bei jedem Zählen etwas mehr Druck ausüben, nicht gleich alle Energie aufbrauchen.

ÜBER DEN KOPF

Direkt im Anschluss an die vorhergehende Übung die Arme über den Kopf strecken. Die Schulterblätter herunterziehen und den Nacken lang machen. Ball oder Ring zusammendrücken, bis 3 zählen und dann locker lassen. Die Übung 5-mal wiederholen. Beim Drücken die Arme ganz lang machen, aber die Ellbogen weich lassen.

IN HÜFTHÖHE

Jetzt Ball oder Ring in Hüfthöhe halten. Die Arme bilden einen ovalen Kreis. Arme lang machen, aber die Ellbogen locker lassen. Die Rückseiten der Beine weiterhin anspannen, während Sie das Hilfsmittel zusammendrücken. Dasselbe gilt für das Powerhouse. Drücken, bis 3 zählen, locker lassen. Die Übung 5-mal wiederholen.

Die Ellbogen sind leicht gebeugt.

Nacken lang machen

Schulter nach hinten und unten ziehen

Wirbelsäule gerade

Die Ellbogen sind leicht gebeugt.

Die Daumen berühren die Zeigefinger.

MAGIC CIRCLE: ÜBUNGEN II

Um Bewegungen zu trainieren, die auch im Alltag vorkommen, gibt es auch viele weit ausholende, schwungvolle, dynamische Pilates-Übungen. Immer wenn Sie den Magic Circle oder Ball zusammendrücken, muss auch Ihr Powerhouse aktiviert sein.

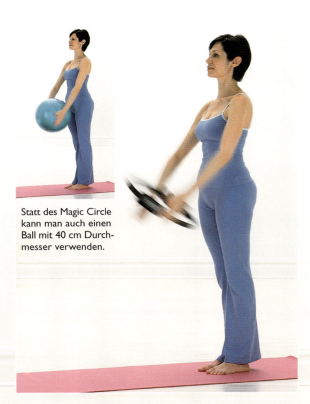

Statt des Magic Circle kann man auch einen Ball mit 40 cm Durchmesser verwenden.

Wirbelsäule gerade

Beine in Pilates-Stellung

2 Die Bewegung umkehren, sobald Sie den höchsten Punkt erreicht haben. Wieder 8-mal pumpen und in die Startposition zurückkehren. Das gesamte Auf und Ab 3-mal wiederholen, dabei gleichmäßig weiteratmen.

PUMPEN

1 Stellen Sie sich aufrecht hin und halten Sie das Hilfsmittel in Hüfthöhe. Falls Sie einen Ring verwenden, kippen Sie ihn leicht von sich weg. Das Körpergewicht gleichmäßig auf beide Füße verteilen. Auf eine gute Haltung achten. Anschließend Ring oder Ball zur Zimmerdecke heben und dabei 8-mal zusammendrücken.

MAGIC CIRCLE: ÜBUNGEN II

Schultern nach hinten nehmen

Der Ellbogen zeigt nach oben.

Hand auf die Hüfte legen

Finger strecken oder um den Ring legen

Die Schultern sind entspannt.

Die Oberarme gegeneinander pressen.

Den Ring vom Körper weg halten

AUF DER HÜFTE

Ball oder Ring auf die Hüfte stützen und gegen den Körper drücken. Falls Sie einen Ring benützen, muss dieser parallel zum Boden sein. Den Handballen fest gegen den Ring drücken. Der Arm beschreibt von Schulter über Ellbogen eine Kurve. Den Ring gegen den Körper drücken und bis 3 zählen. Locker lassen. Die Übung 3- bis 5-mal wiederholen. Dabei gleichmäßig weiteratmen.

HINTER DEM RÜCKEN

Jetzt mit Ball oder Ring hinter dem Rücken üben. Auf eine korrekte Haltung achten. Die Brust nach vorn strecken und die Schulterblätter herunterziehen. Falls Sie einen Ring verwenden, diesen leicht nach unten kippen. Den Ring zusammendrücken, bis 3 zählen und dann locker lassen. Die Übung 3- bis 5-mal wiederholen. Dabei gleichmäßig weiteratmen.

EREKAS SCHLUSSBERICHT

Die letzte Sitzung mit Ereka war äußerst motivierend. Wir analysierten ihr gesamtes Programm und brauchten einige Zeit, um uns zu erinnern, welche Übungen Ereka anfangs noch nicht ausführen konnte. In unserer letzten Sitzung absolvierten wir das komplette Programm für den Oberkörper, das Ereka schon fast auswendig kannte.

Die »Vorher-Nachher«-Fotos zeigen, was Ereka im Pilates-Studio erreicht hat: Ihre Arme verfügen nun über eine schöne Muskeldefinition, ihr oberer Rücken ist kräftig und gleichzeitig beweglich, ihre Figur wesentlich ausgewogener. Ereka macht keinen so zerbrechlichen Eindruck mehr. Sie ist muskulös und trotzdem noch zierlich.

Zu Anfang des Trainings hatte ich Erekas Maße genommen. Jetzt wurde nachgemessen. Ich stellte fest, dass der Bizeps größer und die Schultern breiter geworden waren. Hier hatte sie Muskeln aufgebaut. Dafür wirkten andere Körperpartien vergleichsweise schlanker. Erekas neue Figur erfüllte all unsere Erwartungen.

▲ **Vorher** Vor dem Beginn des Programms hatte Ereka folgende Maße: Schultermuskeln 30 cm, Bizeps 22,5 cm, Brust 81 cm. Der gesamte Oberkörper wirkte wenig muskulös.

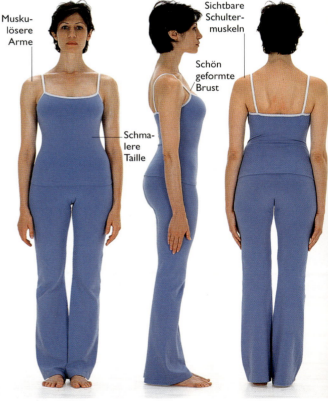

▲ **Nachher** Ereka besitzt eine schön geformte Figur: Schultermuskeln 32 cm, Bizeps 24 cm, Brust 83,5 cm. Ereka wurde um Taille und Hüften 2,5 cm schlanker. Ihre Silhouette hat sichtbare Kurven bekommen.

EREKAS SCHLUSSBERICHT

DIE ÜBUNGEN IM RÜCKBLICK

Zum Abschluss testete ich Ereka, indem ich sie einige der nach und nach eingeführten Übungen absolvieren ließ. Inzwischen konnte sie den *Beinzug nach oben (s. S. 66–67)* ebenso korrekt wie elegant ausführen.

Vorher

Woche 10

▲ **Push Ups** Zu Anfang machte Ereka die Anfänger-Variante der *Liegestütze (s. S. 46–47)*. Am Schluss brachte sie den Oberkörper bis knapp über den Boden, sie öffnete die Brust und zog die Schulterblätter herunter.

Vorher **Woche 10**

◀ **Armübungen** Begonnen haben wir mit 1 kg schweren Gewichten. Zum Schluss trainierte Ereka durchgängig mit 1,5 kg schweren Hanteln. Sie bewältigte alle Armübungen *(s. S. 48–51)* – und das auf Zehenspitzen! Damit Ereka nicht das Gleichgewicht verlor, stützte ich sie anfangs ein wenig. Stellen Sie sich vor, dass die Fersen zusammenkleben – so halten Sie die Balance.

PROGRAMM FÜR DEN UNTERKÖRPER

Im Alltag ist unser Unterkörper unheimlichen Belastungen ausgesetzt: Stehen, Gehen, Laufen – stets ist die Muskulatur des Unterkörpers gefordert. Das hier vorgestellte Programm hält überentwickelte Muskeln beweglich und kräftigt die unterentwickelten. Außerdem sorgt es für eine bessere Versorgung mit Nährstoffen über Blut und Lymphe. Das Ergebnis sind ein straffer Po und länger wirkende, schlanke Beine. Um das Maximum aus diesem Programm herauszuholen, sollten Sie es dreimal die Woche absolvieren.

PROGRAMMÜBERSICHT

Diese Fotoabfolge zeigt das komplette Programm für den Unterkörper. Nur wenn die Übungen in genau dieser Reihenfolge ausgeführt werden, ist ein effektives Training mit einem harmonischen Bewegungsfluss gewährleistet. Indem Sie nahtlos eine Übung an die andere anschließen, steigern Sie Tempo und Herzfrequenz – und werden schnell Erfolge sehen. Die Bilder zeigen die Übungen in der Reihenfolge, in der sie absolviert werden sollen, nicht die, in der Sie sie lernen. Beginnen Sie mit dem Basisprogramm und schließen Sie erst die Übungen von Woche 2–4 und dann die von 5–7 an. Die Übungen von Woche 8–10 werden zum Schluss hinzugefügt.

The Hundred
(s. S. 20–21)

Roll Down with Magic Circle
(s. S. 78–79)

Single Leg Circles
(s. S. 24–25)

Rolling Like a Ball
(s. S. 26–27)

Double Straight Leg Stretch
(s. S. 90–91)

Spine Stretch Forward
(s. S. 32–33)

Single Leg Kick
(s. S. 92–93)

Shoulder Bridge
(s. S. 102–103)

Side Kicks: Bicycle
(s. S. 94–95)

Side Kicks: Ronde de Jambe
(s. S. 96–97)

Side Kicks: Inner Thigh Lifts/ Beats
(s. S. 98–99)

PROGRAMMÜBERSICHT

SO FUNKTIONIERT DAS PROGRAMM

Auf diesen Seiten finden Sie das komplette Programm für den Unterkörper auf einen Blick. Ihr individuelles Programm beginnt mit Woche 2. Von nun an nehmen Sie alle drei Wochen eine neue Gruppe Übungen hinzu. Jede Gruppe ist durch eine andere Farbe markiert.

Während der ersten Woche absolvieren Sie alle gelb markierten Übungen. In Woche 2, 3 und 4 kommen die blau markierten Übungen hinzu. Als Nächstes integrieren Sie die pink markierten Übungen von Woche 5, 6 und 7, um abschließend die grün markierten Übungen von Woche 8, 9 und 10 einzubinden. Absolvieren Sie die Übungen in der unten abgebildeten Reihenfolge und erweitern Sie Ihr Programm alle drei Wochen um neue Übungen. Machen Sie nur alle Übungen, die Sie bereits gelernt haben, die anderen lassen Sie aus.

Arbeiten Sie sich von links nach rechts durch. In Woche 10 absolvieren Sie das auf diesen Seiten abgebildete Programm von Anfang bis Ende. Denken Sie daran, den Körper stets als Ganzes wahrzunehmen. Spüren Sie immer wieder hin, welche Körperpartien noch unbeteiligt sind und beziehen Sie sie mit in das Training ein.

Single Leg Stretch
(s. S. 28–29)

Double Leg Stretch
(s. S. 30–31)

Single Straight Leg Stretch
(s. S. 80–81)

Side Kicks: Front Kicks
(s. S. 82)

Side Kicks: Up/Down
(s. S. 83)

Side Kicks: Circles
(s. S. 83)

Teaser Preparation/One-Legged Teaser *(s. S. 84–85)*

Can-Can
(s. S. 104–105)

The Seal
(s. S. 86–87)

Magic Circle: Standing
(s. S. 106–107)

WOCHE
ZWEI, DREI, VIER

Um den Unterkörper effektiv zu trainieren, sollten Sie jede Bewegung von der Taille abwärts entstehen lassen. Gewöhnen Sie sich an, als Erstes immer die Gesäßmuskeln anzuspannen.

ROLL DOWN WITH MAGIC CIRCLE

Das Abrollen mit Magischem Ring ist eigentlich eine Übung aus dem Basisprogramm, nur dass diesmal der Magic Circle oder ein Ball mit 40 cm Durchmesser hinzugenommen wird. Die Übung ist ideal, um die Muskeln von Oberschenkelinnenseiten und Po zu trainieren. Außerdem bereitet sie Ihr Powerhouse auf die folgenden Übungen vor.

1 Während der ersten Wochen möchten Sie das Abrollen vielleicht noch ohne Hilfsmittel üben *(s. S. 22– 23)*. Doch dann sollten Sie es mit dieser Variante versuchen: Setzen Sie sich aufrecht hin, die Knie sind gebeugt. Zwischen die Oberschenkel klemmen Sie knapp oberhalb der Knie den Magischen Ring bzw. Ball. Die Füße sind hüftbreit auseinander, die Zehen zum Körper gezogen.

Der Ring klemmt knapp über den Knien.

Falls Sie einen Ball verwenden: Er darf den Boden nicht berühren!

Fersen auf die Matte drücken

ROLL DOWN WITH MAGIC CIRCLE

2 Einatmen, das Becken unter den Körper ziehen und den Ring bzw. Ball zwischen den Schenkeln zusammendrücken. Die Beine bleiben parallel und bilden eine Linie von den Hüften bis zu den Fußknöcheln. Ständig Druck auf das Hilfsmittel ausüben, gleichmäßig weiteratmen und die Wirbelsäule zur Matte bringen. Dabei dürfen die Hüften etwas nach vorn rutschen.

Den Nabel zur Wirbelsäule ziehen

Hier sieht man, wie stark die Oberschenkelinnenseiten trainiert werden.

Das Becken unter den Köper bringen.

3 So weit abrollen, bis die Taille fest auf der Matte aufliegt und die Arme beinahe gestreckt sind. Position halten und dreimal tief ein- und ausatmen. Mit jedem Ausatmen den Nabel noch weiter zur Wirbelsäule ziehen. Nach dem dritten Ausatmen wieder langsam in die Startposition zurückkehren. Die Übung 3- bis 5-mal wiederholen.

FLEISSARBEIT BOTTOM LIFTER

Das Po-Heben führt zu einem knackigen Po. Den Ring zwischen die Fußknöchel nehmen und sich auf den Bauch legen. Die Arme verschränken und die Stirn auf den Handrücken ablegen. Die Gesäßmuskeln anspannen, während S e die Hüftknochen fest in den Boden pressen. Den Ring zusammendrücken, bis drei zählen und wieder locker lassen. Die Übung 5- bis 8-mal wiederholen. Fortgeschrittene heben bei jedem Zusammendrücken die Oberschenkel von der Matte.

SINGLE STRAIGHT LEG STRETCH

Jede unserer Testpersonen führt die dritte klassische Pilates-Bauchmuskelübung *Dehnung mit gestrecktem Bein* völlig anders aus. Diese Variationsbreite beweist, wie unglaublich vielseitig die Pilates-Methode ist. In diesem Fall trainieren wir vor allem das Powerhouse und die Oberschenkelmuskeln.

PILATES-TIPPS

- **Erst strecken, dann heben!** Das Bein muss so weit wie möglich gestreckt sein, bevor Sie es in Richtung Körper anheben.
- **Gesäßmuskeln anspannen!** Die Pomuskeln zusammenkneifen, wenn ein Bein abgesenkt wird. Das untere Bein sollte bei jedem Wippen des oberen dagegen prallen.
- **Mit dem Puls trainieren.** Bewegen Sie Ihre Beine im Rhythmus Ihres Herzschlags (sobald Sie die Übung gut beherrschen).
- **Passen Sie die Übung Ihren Bedürfnissen an!** Wenn Sie es nicht schaffen, das Powerhouse zu kontrollieren, können Sie Ihren Bewegungsradius einschränken, indem Sie das Bein noch höher heben. Wer will, kann auch die Hände zu Hilfe nehmen, so wie Casey beim Single Straight Leg Stretch (s. S. 116–117). Aber das Bein nicht fest umklammern!

Die Schultern herunterziehen.

Der untere Rücken bleibt am Boden.

1 Legen Sie sich flach auf den Rücken und ziehen Sie die Knie zur Brust. Bauchmuskeln anspannen, Kopf und Schultern bleiben während der gesamten Übung über dem Boden. Die Beine locker lassen, die Arme knapp über der Matte nach vorn strecken. Den Nabel fest zur Wirbelsäule ziehen.

Beide Beine an der Körpermitte ausrichten.

Die Pilates-Stellung einnehmen, um die Gesäßmuskeln zu aktivieren.

2 Ein Bein zur Zimmerdecke strecken, das andere knapp über der Matte nach vorn. Die Haltung dabei nicht verändern. Den Nabel weiter zur Wirbelsäule ziehen. Mit dem oberen Bein zweimal zum Rumpf wippen, das andere Bein ganz weit nach vorne strecken. Hier helfe ich Tai, in die richtige Position zu kommen.

Zweimal wippen

Nabel zur Wirbelsäule ziehen

Pomuskeln anspannen

3 Die Beine im Wechsel grätschen, dabei jeweils das obere Bein zweimal zum Körper ziehen. Die Beine so lang und gerade machen wie möglich. Die Übung 5- bis 8-mal mit beiden Beinen im Wechsel wiederholen. Auf ein Set ein- und auf ein Set ausatmen.

SIDE-KICK-ÜBUNGEN

Die Side Kicks sind ein ganzes Set von Beinübungen, die Joseph Pilates speziell für Tänzerinnen entwickelte. Sie sorgen für kräftige, gut ausgebildete Hüft- und Beinmuskeln. Absolvieren Sie alle Übungen erst auf einer Körperseite und wiederholen Sie sie dann auf der anderen.

FRONT KICKS

1 Für den *Kick nach vorn* legen Sie sich am hinteren Rand der Matte seitlich hin. Stützen Sie den Kopf auf, mit der anderen Hand halten Sie das Gleichgewicht. Die Beine bilden einen 45°-Winkel zum Körper. Einatmen, das obere Bein leicht heben und zweimal energisch nach vorn kicken. Beachten Sie, wie ich Tais Bein in die korrekte Position bringe.

Mit dieser Hand halten Sie das Gleichgewicht.

Hüfte und Bein bilden eine Linie, das Bein ist parallel zum Boden.

Der Oberkörper bleibt ruhig.

2 Ausatmen und das obere Bein energisch hinter den Körper führen. Sobald das Bein diesen Punkt erreicht, die Hüften leicht nach vorn kippen, um die Gesäßmuskeln anzuspannen. Das obere Bein länger machen als das untere. Sie sollten die Dehnung vorn an der Hüfte spüren. Die Übung 8- bis 10-mal wiederholen.

SIDE-KICK-ÜBUNGEN

UP/DOWN

Mit den *Auf-und-Ab-Kicks* genauso beginnen wie bei den Front Kicks *(s. kleines Bild)*. Die Beine aufeinander legen, einatmen und das obere Bein nach oben kicken. Ausatmen und das Bein gegen einen imaginären Widerstand absenken. Dabei die Muskeln der Oberschenkelinnenseiten anspannen und den Nabel zur Wirbelsäule ziehen. Die Übung 8- bis 10-mal wiederholen. Danach das obere Bein leicht auswärts gedreht absenken, um mit den Circles fortzufahren.

Den 45°-Winkel beim Kicken beibehalten.

CIRCLES

Mit dem gestreckten Bein kleine Kreise im Uhrzeigersinn beschreiben. Bei jedem Kreis streifen sich Ihre Fersen. Dabei gleichmäßig weiteratmen. Die Übung 5- bis 10-mal wiederholen, dann gegen den Uhrzeigersinn kreisen.

Das Knie zeigt nach oben.
Die Ferse zeigt nach unten.

PILATES-TIPPS

- **Den Rumpf kontrollieren.** Weder nach vorn noch nach hinten kippen.
- **Auf fließende Bewegungen** achten, aber trotzdem gegen einen imaginären Widerstand trainieren.
- **Eine Hand** vor dem Körper abstützen, um das Gleichgewicht zu halten. Wenn das nicht mehr nötig ist, auch diese Hand an den Kopf legen: Handflächen aufeinander legen, aber die Finger nicht verschränken.
- **Das Powerhouse stets aktivieren.** Das Bein dynamisch nach oben kicken, aber langsam senken.

TEASER: VORBEREITUNG

Die Pilates-Methode trainiert den Körper ganz besonders effizient. Anstatt nur eine bestimmte Körperpartie zu stärken, werden ganz unterschiedliche Körperregionen gleichzeitig trainiert. Die folgende Übung ist eine Variante des *Wagenrads (s. S. 120–121)*. Sie trainiert nicht nur die Oberschenkelinnenseiten, sondern kräftigt auch das Powerhouse.

1 Legen Sie sich flach auf den Rücken. Die Füße sind aufgestellt, die Beine gegeneinander gepresst. Die Arme nach hinten strecken. Den Nabel zur Wirbelsäule ziehen und dabei die Arme nach vorn strecken. Ausatmen, und den Körper langsam aufrollen. Wenn Ihnen das schwer fällt, kommen Sie nur so weit hoch wie möglich.

Die Füße rühren sich nicht von der Stelle.

Gesäß und Hüften bleiben am Boden.

FLEISSARBEIT TEASER AT THE WALL

Fortgeschrittene machen das *Wagenrad*, während sie beide Füße gegen eine Wand stemmen. Die Beine bilden einen 45°-Winkel zum Boden. Die Füße während der ganzen Übung an die Wand pressen, auch die Gesäßmuskeln bleiben stets angespannt. Wirbel für Wirbel auf- und abrollen. Die Übung 3-mal wiederholen, dann ausruhen und erneut wiederholen. Ihr Ziel besteht darin, irgendwann ohne Wand trainieren zu können. Machen Sie diese Übung an den Ruhetagen oder im Anschluss an das Workout.

TEASER: VORBEREITUNG   85

Beine, Knie und Füße zusammenpressen

Erst am Ende der Aufwärtsbewegung ganz gerade aufrichten.

2 Die Füße rühren sich nicht von der Stelle, während Sie sich langsam aufsetzen. Dabei die Wirbelsäule in C-Form bringen, bis Sie wirklich aufrecht sitzen, dann die Brust öffnen. Ausatmen und die Bewegung umkehren: Wirbel für Wirbel abrollen und in die Startposition zurückkehren. Die Übung 3-mal wiederholen.

ONE-LEGGED TEASER

Wer das *Wagenrad* meistert, kann es mit dieser Variante versuchen: Aus der liegenden Startposition ein Bein hochstrecken, die Knie bleiben zusammen. Das gestreckte Bein so lang wie möglich machen. Beim Auf- und Abrollen der Wirbelsäule die Schenkel gegeneinander pressen. Die Übung 3-mal absolvieren und dann mit dem anderen Bein wiederholen.

Knie zusammenpressen

THE SEAL

Die letzte der Auf- bzw. Abrollübungen ist der *Seehund*. Er dehnt die Muskeln entlang der Wirbelsäule und hilft Ihnen, die Pilates-Übungen langsam und kontrolliert zu absolvieren.

1 Ziehen Sie die Beine zur Brust und greifen Sie zwischen ihnen hindurch, um die Fußknöchel von außen zu umfassen. Den Körper nach hinten neigen, sodass Sie auf Ihren Sitzknochen ins Gleichgewicht kommen. Die Füße befinden sich knapp über dem Boden. Den Nabel fest zur Wirbelsäule ziehen. Um sich auf das Abrollen vorzubereiten, ziehen Sie das Becken unter den Körper und zielen mit dem unteren Rücken in Richtung Matte.

Die Fußknöchel von außen umfassen.

FLEISSARBEIT THE WALL: CHAIR

Der Stuhl an der Wand ist im regulären Fitnesstraining auch unter dem Begriff Squat bekannt. Diese Übung kräftigt und formt die Schenkelmuskeln, vor allem den Quadrizeps. Lehnen Sie sich gegen eine glatte Wand. Die Füße sind parallel und einen großen Schritt von der Wand entfernt. Die Arme hängen seitlich locker herab. Jetzt beide Arme nach vorn strecken und gleichzeitig in die Hocke gehen. Ober- und Unterschenkel bilden einen rechten Winkel. Position halten und bis drei zählen. Den Nabel zur Wirbelsäule ziehen, dabei wieder hochgleiten und die Arme herunternehmen. Die Wirbelsäule hat stets Kontakt mit der Wand. Die Übung 3-mal wiederholen. Mit der Zeit auf 5 Wiederholungen steigern. Die Übung an den Ruhetagen oder im Anschluss an das Workout absolvieren.

THE SEAL   87

2 Langsam und kontrolliert auf die Schulterblätter zurückrollen. Das Kinn ist an die Brust gezogen, damit der Kopf nicht die Matte berührt. Beim Abrollen die Hüften heben, damit sich der untere Rücken von der Matte löst.

Die Knie sind höchstens schulterbreit auseinander.

Der Kopf darf die Matte nicht berühren.

3 In die Startposition zurückkehren. Weiter vor- und zurückrollen. Die Bewegung mit den Bauchmuskeln kontrollieren, nicht mit Schwung arbeiten! Zehn Wiederholungen absolvieren. Dabei gleichmäßig weiteratmen wie folgt: Beim Abrollen ein- und beim Aufrollen wieder ausatmen.

TAIS ZWISCHENBERICHT

TAIS MEINUNG

»Ich wusste nicht, was mich erwarten würde. Ich dachte zunächst, Pilates sei so etwas Ähnliches wie Yoga. Also machte ich mich darauf gefasst, spirituell an mir arbeiten und mich »gesund dehnen« zu müssen. Nach meiner ersten Sitzung bei Alycea war ich ziemlich erleichtert, dass ich nicht meditieren musste. Ich stellte fest, dass Pilates eher eine Art Krafttraining mit Hilfe des eigenen Körpers ist.

Nach den ersten vier Wochen kann ich erkennen, dass sich meine Haltung verbessert hat und ich beweglicher geworden bin. Außerdem habe ich deutlich strafferes Oberschenkel bekommen. Obwohl mein Po immer noch nicht perfekt gerundet ist, hängt er schon viel weniger. Und mein Bauch ist schon ein bisschen geriffelt – Sixpacks, ich komme!«

UND DAS SAGT ALYCEA:

Das Training mit Tai war das reinste Vergnügen. Sie lernte sehr schnell, ließ sich geduldig korrigieren und trainierte äußerst ehrgeizig. Und was mir besonders gut gefiel: Sie übte sogar freiwillig zu Hause! Gegen Ende der vierten Woche sah ich, dass ihre Oberschenkelmuskeln eine schöne Definition bekamen. Tai war völlig begeistert. Jetzt, wo sie sah, was Pilates bewirkt, konnte sie es kaum erwarten, mit dem Programm weiterzumachen.

Leider trainierte Tai aber häufig bis an den Rand der Erschöpfung. Dabei bedeutet Pilates, die Übungen zu einem harmonischen Bewegungsablauf aneinander zu reihen – nicht, sie durch Verschnaufpausen zu unterbrechen. Tai trainierte mit so viel Kraft, dass sie häufig nur eine einzige Übung lang durchhielt. Die ständigen Pausen machten das Training weniger effektiv. Also verbrachten wir viel Zeit damit zu lernen, intensiv aber gleichmäßig zu arbeiten. Wer verbissen trainiert und eckige Bewegungen ausführt, bekommt keine gute Figur, sondern zieht sich höchstens Verspannungen zu. Um Tai zu entlasten, bat ich sie die Übungen jeweils nur einmal auszuführen aber dafür am Stück ohne Pause. Auf diese Weise lernte Tai einen fließenden Bewegungsablauf und mit ihrer Energie hauszuhalten.

UND WEITER GEHT'S!

Wenn Sie die folgenden Fragen mit Ja beantworten können, dürfen Sie mit den nächsten Übungen weitermachen:

Behalten Sie Ihre korrekte Haltung bei, wenn Sie mit Hilfsmitteln trainieren? Sie sollten die Übungen auch mit Magic Circle bzw. Ball korrekt ausführen können.

Kontrollieren Sie ständig Ihre Haltung? Gehen Sie Ihren Körper gedanklich von Kopf bis Fuß durch, um Haltungsfehler zu vermeiden.

Absolvieren Sie regelmäßig die Side-Kick-Übungen (s. S. 82–83)? Selbst wenn Sie einmal keine Zeit für das komplette Workout haben – die Side-Kick-Übungen lassen sich immer einschieben.

Sind Sie inzwischen damit vertraut, gegen einen imaginären Widerstand anzutrainieren? Die Spannung, die Sie selbst im Körper erzeugen, strafft und formt die Figur besonders effektiv. Trainieren Sie mit deutlichem Kraftaufwand.

DIE ÜBUNGEN IM RÜCKBLICK

Während ihres Trainings begriff Tai schnell, welches Konzept hinter der Pilates-Methode steckt. Um ihren Unterkörper noch mehr zu fordern, variierten wir ihr Basisprogramm. Tai begann The Hundred *(s. S. 20–21)* mit einer tieferen Beinstellung zu absolvieren. Auf diese Weise wurden die Muskeln auf der Beinrückseite mehr beansprucht. Zudem bat ich Tai, den Single Straight Leg Stretch *(s. S. 80–81)* so durchzuführen, dass ihre Beine den Boden gewissermaßen »absahnten«. Auf diese Weise wurden auch die Gesäßmuskeln miteinbezogen. Modifizieren Sie Ihr Programm Schritt für Schritt. Folgende Zusatzübungen können Sie integrieren:

◀ **Hundred with Magic Circle**
Weil Tai *Die Hundert mit Magischem Ring* mit leicht nach außen gedrehten Beinen ausführte, trainierte sie vor allem die Schenkelinnenseiten. In den Knien blieb sie allerdings locker, um die Schenkelinnenseiten ganz oben am Schritt zu kräftigen. Wer will, kann statt des Rings auch einen Ball mit 40 cm Durchmesser benutzen. Auf der Abbildung erinnere ich Tai daran, dass sie während der Übung das Powerhouse nicht vergessen darf.

▲ **Roll Down with Ball** Beim *Abrollen mit Ball (s. S. 78–79)* hatte Tai stets Mühe, den Nabel zur Wirbelsäule zu ziehen. Deshalb ließ ich sie zunächst mit einem Ball mit nur 25 cm Durchmesser trainieren. Indem sie die Luft aus dem Ball drückte, lernte sie richtig auszuatmen. Hier zeige ich ihr die korrekte Haltung.

▲ **Side Kicks with Ankle Weights** Sobald Tai die Side-Kick-Übungen *(s. S. 82–83)* problemlos absolvieren konnte, führten wir 1 kg schwere Fußgewichte ein. Das trainiert die Oberschenkelaußenseiten und sorgt für ein kräftiges Powerhouse.

WOCHE
FÜNF, SECHS, SIEBEN

Die ersten vier Wochen Training bilden die Grundlage für die nun folgenden Übungen. Zum Programm der nächsten Wochen gehören zusätzliche Bauchmuskelübungen sowie weitere Side-Kicks für Fortgeschrittene.

DOUBLE STRAIGHT LEG STRETCH

Die *Dehnung mit gestreckten Beinen* ist die vierte der Pilates-Bauchmuskelübungen. Bei der klassischen Variante steht hauptsächlich die Körpermitte im Vordergrund. Wir wandeln die Übung jedoch etwas ab, um mehr Gewicht auf den Po und die Oberschenkelinnenseiten zu legen.

1 Nach der vorausgegangenen Übung dürfen Sie sich ein bisschen ausruhen. Legen Sie sich auf den Rücken und nehmen Sie die Arme hinter den Kopf. Wer fit genug ist, macht ohne Pause weiter und streckt beide Beine zur Zimmerdecke.

Die Bauchmuskeln anspannen, um den Oberkörper anzuheben.

Beine in Pilates-Stellung

DOUBLE STRAIGHT LEG STRETCH

FLEISSARBEIT
DOUBLE STRAIGHT LEG STRETCH WITH BALL

Die *Dehnung mit gestreckten Beinen* kann auch mit dem Magischen Ring bzw. einem Ball mit 40 cm Durchmesser durchgeführt werden. Das formt die Oberschenkelinnenseiten und kräftigt das Powerhouse. Dazu das Hilfsmittel zwischen die Fußknöchel klemmen und die Übung wie gewohnt ausführen. Stets Druck auf Ring oder Ball ausüben und darauf achten, dass sich Füße und Beine in der Pilates-Stellung befinden. Die Zehen sollten leicht nach außen zeigen, dürfen Ring oder Ball aber nicht berühren. Diese Übung an den Ruhetagen bzw. im Anschluss an das Workout machen.

2 Einatmen, bis 3 zählen und dabei die Beine langsam absenken. Ausatmen und mit einer energischen Bewegung wieder zur Zimmerdecke strecken, ohne den Oberkörper zu bewegen. Die Beine 5- bis 8-mal heben und absenken. Den Nabel weiter zur Wirbelsäule ziehen. Die hintere Beinmuskulatur stark anspannen, wenn die Beine zur Zimmerdecke geführt werden.

Die Hände übereinander legen, aber die Finger nicht verschränken.

Die Beine beim Absenken vom Körper wegstrecken.

Die Gesäßmuskeln anspannen, damit sich die Beinrückseiten zueinander drehen.

SINGLE LEG KICK

Für das *Kicken mit einem Bein* drehen wir uns auf den Bauch. Obwohl die Übung auch im Programm für den Oberkörper vorkam, trainiert diese Variante vor allem die Muskeln auf der Beinrückseite. Außerdem werden die Hüftvorderseiten sowie die Oberschenkelmuskeln gedehnt.

Die Gesäßmuskeln anspannen und die Beine zusammenpressen.

Den Oberkörper anheben, indem Sie die Unterarme in den Boden drücken.

1 Stützen Sie sich auf die Unterarme, die Ellbogen befinden sich direkt unter den Schultern. Die Arme sind parallel, die Hände zu lockeren Fäusten geballt. Die Körpermitte stabilisieren und den Nabel zur Wirbelsäule ziehen.

2 Ein Knie anwinkeln und mit der Ferse energisch zum Po kicken. Um die Muskeln zu kräftigen, das Bein zweimal kicken. Das Becken dabei fest in den Boden drücken. Beim Kicken darauf achten, dass das Powerhouse nicht in sich zusammenfällt. Gleichmäßig weiteratmen.

Den Nacken lang machen

Das Becken in den Boden pressen.

SINGLE LEG KICK

3 Übung mit dem anderen Bein wiederholen. Das ist ein Set. Gegen einen imaginären Widerstand ankicken. Die Hüften in den Boden pressen, während Sie die Ferse zum Po schwingen. 5 Sets mit beiden Beinen im Wechsel ausführen.

Die Knie bleiben zusammen.

4 Beide Beine ausstrecken und sich mit den Handflächen vor dem Körper abstützen. Anschließend setzen Sie sich auf die Fersen und dehnen den unteren Rücken. Gleichmäßig weiteratmen. Zum Schluss richten Sie sich auf, indem Sie die Wirbelsäule langsam aufrollen.

FLEISSARBEIT
THIGH STRETCH

Für die *Oberschenkeldehnung* hinknien. Beide Arme nach vorn strecken. Die Beine sind hüftbreit auseinander, die Zehenspitzen entspannt. Die Gesäßmuskeln anspannen. Nabel zur Wirbelsäule ziehen. Geradeaus blicken, während Sie sich zurückneigen. Die Wirbelsäule bleibt gerade. In die Startposition zurückkehren, indem Sie die Hüften nach vorn schieben. 3-mal wiederholen.

SIDE KICKS: BICYCLE

Nach den Basis-Side-Kicks *(s. S. 82–83)* geht es mit dem etwas anspruchsvolleren *Fahrrad* weiter. Die Übung setzt ein aktives Powerhouse voraus und fördert die Koordination. Gleichzeitig werden die Beine geformt und gedehnt. Konzentrieren Sie sich zunächst auf die Technik, dann auf die Details und schließlich auf einen harmonischen Bewegungsablauf.

1 Nach den Side Kicks: Circles *(s. S. 83)* nehmen Sie die Hand auf der Matte hinter Ihren Kopf und stabilisieren den Oberkörper. Die Beine strecken Sie im 45°-Winkel zum Rumpf nach vorn. Das obere Bein schwebt über dem unteren. Das obere Bein nach vorn schwingen, ohne dabei mit dem Oberkörper nach hinten zu kippen oder die Haltung zu ändern. Das obere Bein gestreckt halten.

Das Bein ist parallel zum Boden.

2 Wenn Sie das Bein so weit nach vorn geschwungen haben wie möglich, winkeln Sie es an und ziehen das Knie eng an die Schulter. Die Rumpfmuskulatur anspannen – der Oberkörper darf auf keinen Fall nach hinten ausweichen. Darauf achten, dass der obere Ellbogen zur Zimmerdecke zeigt – und nicht wie hier, zur Seite.

Falsch: Der Ellbogen muss zur Zimmerdecke zeigen!

Knie und Fuß bilden eine Linie.

SIDE KICKS: BICYCLE   95

3 Das Knie über das untere Knie bringen. Das Bein bleibt angewinkelt, die Ferse zielt auf den Po. Dabei nicht das Gewicht verlagern, sondern den Oberkörper mit dem Powerhouse stabilisieren. Um die Dehnung in den Oberschenkelmuskeln zu intensivieren, half ich Tai, die Hüften richtig auszurichten und ihr Bein anzuwinkeln.

Schultern und Hüften befinden sich jeweils genau übereinander.

4 Gesäßmuskeln anspannen. Knie so weit wie möglich zurücknehmen. Das Bein strecken, nach vorn schwingen. Übung wiederholen. 3- bis 5-mal absolvieren und dann die Richtung ändern. Gleichmäßig weiteratmen. Für Side Kicks: Ronde de Jambe *(s. S. 96–97)*, auf der Seite liegen bleiben.

Gesäßmuskeln weiter anspannen

PILATES-TIPPS

- **Schultern und Hüften** befinden sich immer übereinander.
- **Die Hände hinter dem Kopf** übereinander legen, aber nicht ineinander verschränken.
- **Die Bewegung** aus dem Powerhouse entstehen lassen, das untere Bein nicht überanstrengen.
- **Gegenbewegungen** nicht vergessen: Wenn Sie das Bein zurückschwingen, müssen Sie das Becken nach vorn bringen.
- **Weiter Rad fahren.** Jede Bewegung geht in die nächste über.
- **Sich lang machen** – der Oberkörper darf nicht in sich zusammenfallen.

SIDE KICKS: RONDE DE JAMBE

Nach dem *Fahrrad (s. S. 94–95)* machen Sie sofort mit dem *Ronde de Jambe* (französisch für Beinkreisen) weiter. Bei dieser Side-Kick-Übung wird das Bein wie beim Ballett nach außen gedreht. Das wird Ihre Muskeln weiter kräftigen – vorausgesetzt, die Drehung erfolgt aus der Hüfte und nicht aus Knie und Fuß heraus.

Das Bein aus der Hüfte heraus nach außen drehen.

1 Das obere Bein nach außen drehen – die Ferse zeigt zum Boden, die Zehen zur Zimmerdecke. Das Bein so weit nach vorn schwingen, dass es parallel zum Boden einen rechten Winkel zum Rumpf bildet. Das Bein so hoch und so weit wie möglich nach vorn kicken.

FLEISSARBEIT CROSSOVER STRETCH

Die vielen neuen Übungen für den Unterkörper können zu Verspannungen führen. Sollten Ihre Gesäßmuskeln schmerzen, versuchen Sie es mit der Dehnung über Kreuz: Legen Sie sich auf den Rücken und schieben Sie ein Knie über das andere Bein. Die Hüfte dreht sich dabei zur Matte. Jetzt dehnen Sie die Hüfte, indem Sie das Knie mit der Hand leicht nach unten drücken. Den gegenüberliegenden Arm gerade nach oben strecken, Kopf und Schultern ebenfalls vom oberen Bein abwenden. Das Gewicht des Oberkörpers bildet ein Gegengewicht zum Unterkörper und intensiviert auf diese Weise die Drehung bzw. Dehnung. Die Position 30 Sekunden lang halten, später bis auf 2 Minuten steigern. Die Übung zur anderen Seite wiederholen.

SIDE KICKS: RONDE DE JAMBE

2 Das Bein zur Zimmerdecke strecken. Den Bewegungsradius erhöhen, indem die Fußsohle zur Zimmerdecke zeigt. Das Bein richtig strecken und in Richtung oberer Ellbogen ziehen. Dabei die Hüften nach vorn drücken – auf keinen Fall nach hinten kippen lassen.

Schultern bleiben entspannt

Das Bein in Richtung Ellbogen ziehen.

Nabel zur Wirbelsäule ziehen

Der Oberkörper darf nicht nach vorn ausweichen.

Die Hüften nach vorn drücken, wenn das Bein nach hinten schwingt.

3 Das Bein nach hinten und in Richtung Matte schwingen. Die Pomuskeln anspannen. Das Becken weiter nach vorn drücken. Das Bein vorschwingen und in die Startposition zurückkehren. 3-mal wiederholen. Dann die Richtung wechseln. Gleichmäßig weiteratmen. Für Side Kicks: Inner Thigh Lifts/Beats *(s. S. 98–99)* auf der Seite liegen bleiben.

SIDE KICKS: INNER THIGH LIFTS/BEATS

Um die Beinübungen für Woche 5, 6 und 7 abzurunden, fügen wir noch zwei Übungen hinzu – die Oberschenkelheber sowie die Fersenschläge. Manche Schüler fühlen sich dabei an das berühmte Jane-Fonda-Workout erinnert – nur, dass bei Pilates auch der übrige Körper gefordert ist.

INNER THIGH LIFTS

1 Nach dem Ronde de Jambe (s. S. 96–97) winkeln Sie das obere Bein an, umfassen den Fußknöchel und stellen den Fuß vor dem unteren Oberschenkel auf den Boden. Den Nabel zur Wirbelsäule ziehen und die Brust öffnen.

Die Schultern sind entspannt.

Das untere Bein lang machen und strecken.

Das Bein drehen.

2 Die Muskeln auf der Oberschenkelinnenseite anspannen und das untere Bein so hoch wie möglich heben. Das Bein aus dem Hüftgelenk heraus drehen: Die Zehen zeigen zum Boden, die Ferse an die Zimmerdecke. Die Zehen dabei ständig zum Körper ziehen.

3 Das untere Bein so halten, dass es das obere nicht streift, sondern sich unabhängig bewegen kann. Kleine, stakkatoartige Bewegungen mit dem Bein ausführen. Das Bein so gerade wie möglich halten. Übung 8- bis 10-mal wiederholen. Gleichmäßig weiteratmen.

Das Bein mit jeder Wiederholung senken.

SIDE KICKS: INNER THIGH LIFTS/BEATS

BEATS

1 Um das Pilates-Training noch effektiver zu machen, hat man Übergangsübungen wie die *Fersenschläge* entwickelt: Zum Beinwechsel bei den Side-Kick-Übungen rollen Sie auf den Bauch und legen den Kopf auf die Handrücken. Die Beine von den Fersen bis zum Po zusammenpressen.

PILATES-TIPPS

- **Der Blick geht nach oben** und in die Ferne. Die Brust ist während der gesamten Übung geöffnet.
- **Fortgeschrittene** wippen bei den Inner Thigh Lifts 3-mal nach oben, und zwar jedes Mal ein bisschen höher.
- **Auf den richtigen Winkel achten:** Wenn Sie das Bein heben, will es automatisch nach vorne. Dagegenhalten und beim Anheben gerade auf die Zimmerdecke zielen.
- **Bodenkontakt halten.** Stellen Sie sich während der Übung vor, dass Ihr Arm mit dem Boden verschmilzt.

Die Schulterblätter nach unten ziehen und den Nacken lang machen.

2 Pomuskeln anspannen. Beine heben. Die Beine kurz grätschen und wieder »zusammenschlagen«. Auf 5 Schläge (engl. »Beats«) ein- und auf 5 Schläge ausatmen. Übung 3 Atemzyklen lang wiederholen, d. h. 30 Schläge ausführen. Die Beine auf die Matte legen und entspannen. Auf die andere Seite drehen und die Side-Kick-Übungen mit dem anderen Bein absolvieren *(s. S. 82–83, 94–98).*

Die Beine in Pilates-Stellung drehen.

Das Powerhouse aktivieren.

Knie und Oberschenkel von der Matte lösen.

Die Füße lang machen und locker halten.

TAIS ZWISCHENBERICHT

TAIS MEINUNG

»Das Pilates-Training gefällt mir immer besser. Es ist eine echte Herausforderung und mindestens genauso anstrengend wie das Training mit Gewichten. Meine Oberschenkel werden immer straffer und bekommen eine schöne Definition. Inzwischen trage ich mit Vorliebe kurze Röcke, um meine durchtrainierten Beine zu zeigen. Als ich neulich einen Minirock anzog, merkte ich, dass sich meine Oberschenkelinnenseiten kaum noch berühren. Und wenn ich jogge, schwabbelt mein Po nicht mehr so wie früher. Wenn ich so weitermache, habe ich schon bald einen Po wie Jennifer Lopez! Ich habe erheblich an Selbstvertrauen gewonnen und freue mich schon auf die Badesaison. Das Training ist wirklich hart – aber es lohnt sich!«

UND DAS SAGT ALYCEA:

Weil Tai so lange Beine hat, waren die Side Kicks *(s. S. 82–83, 94–98)* eine echte Herausforderung für sie. Oft musste sie die Beine beugen, um die Übungen absolvieren zu können. Wir arbeiteten daran, ihren Rumpf zu stabilisieren. Da Tai der visuelle Lerntyp ist, sollte sie sich vorstellen, ihre Beine seien mit Fäden an der Zimmerdecke befestigt. Nachdem sie sich ausmalen konnte, wie ihre Beine durch die Luft sausten, machte sie Fortschritte in der Technik. Schließlich schaffte sie die Übungen mit gestreckten Beinen. Nach unserer zwanzigsten Sitzung hatten sich Tais Beine merklich verändert. Ihre Schenkel waren straff und muskulös – sogar an den Innenseiten.

Das größte Problem war Tais Wissbegier. Mit ihrer ständigen Fragerei unterbrach sie immer wieder den Bewegungsfluss. Dabei hängt bei Pilates so viel davon ab, dass die einzelnen Übungen ineinander übergehen. Nur dann müssen sich die Muskeln richtig anstrengen und werden kräftiger. Aber das Trainieren bis zur Erschöpfung hat noch einen anderen Vorteil: Manche Muskeln machen schlapp, und andere, die sonst eher selten beansprucht werden, bekommen ebenfalls ein Workout. Nachdem Tai gelernt hatte, sich die Fragen für einen passenden Moment aufzuheben, schafften wir harmonische Bewegungsabläufe ohne Unterbrechungen.

UND WEITER GEHT'S!

Wenn Sie die folgenden Fragen mit Ja beantworten können, dürfen Sie mit den nächsten Übungen weitermachen.

Schaffen Sie die Side-Kick-Übungen (s. S. 82–83, 94–98) ohne Verschnaufpausen? Sie sollten die minimale Anzahl Wiederholungen ohne Zwischenstopp ausführen können.

Dehnen Sie die Beine während der Bauchmuskelübungen? Immer, wenn Sie ein Bein an den Körper ziehen, sollten Sie das andere extra lang machen.

Spannen Sie immer die richtigen Muskeln an? Wer die Oberschenkel formen möchte, muss die Schenkelbeuger anspannen. Bei anderen Übungen sind die Muskeln der Oberschenkelinnenseiten gefordert.

Führen Sie die Auf- und Abrollübungen langsam und kontrolliert aus? Bei Rolling Like a Ball (s. S. 26–27) bzw. Seal (s. S. 86–87) dürfen Sie nicht mit Schwung arbeiten.

DIE ÜBUNGEN IM RÜCKBLICK

Nach der siebten Woche stellte Tai fest, dass sich ihr Körper deutlich verändert hatte. Als sie die Side-Kick-Übungen *(s. S. 82–83, 94–98)* problemlos bewältigte, ließ ich sie die Fortgeschrittenen-Variante machen, bei der sich beide Hände hinter dem Kopf befinden. Auch die Übung Teaser: Vorbereitung *(Wagenrad: Vorbereitung s. S. 84)* beherrschte sie schon so gut, dass wir uns hauptsächlich auf den One-legged Teaser *(Wagenrad mit einem Bein, s. S. 85)* konzentrierten. Außerdem führte ich die unten erklärte Hüft-/Po-Dehnung ein, damit Tai von ihrem harten Training nicht zu viel Muskelkater bekam.

◀ **Double Straight Leg Stretch**
Bei der *Dehnung mit gestreckten Beinen (s. S. 90–91)* änderten wir die Handstellung, um die Beine noch effektiver zu trainieren. Indem sie die Arme gerade nach vorn streckte, stabilisierte Tai ihren Oberkörper und konnte den Nabel noch weiter zur Wirbelsäule ziehen. Das geht am besten, wenn Kopf und Schultern die Matte nicht berühren. Hier helfe ich Tai, den Oberkörper so zu stabilisieren, dass er und die Beine den richtigen Winkel bilden.

▲ **The Bicycle** Hier zeige ich Tai den korrekten Bewegungsablauf des *Fahrrads (s. S. 94–95)*: Das Bein erst nach vorn strecken, dann zur Schulter ziehen und schließlich hinter den Körper bringen.

▲ **Hip/Buttock Stretch** Auf den Rücken legen und Beine anwinkeln. Einen Knöchel auf dem gegenüberliegenden Oberschenkel ablegen und das untere Bein eine Minute lang leicht zum Körper ziehen. Beine wechseln.

WOCHE
ACHT, NEUN, ZEHN

Jetzt folgt der letzte Teil des zehnwöchigen Programms für den Unterkörper. Anstatt diese Übungen einfach an Ihr Workout anzuhängen, sollten Sie versuchen, sie mit der maximalen Anzahl von Wiederholungen zu absolvieren.

SHOULDER BRIDGE

Die erste Übung in diesem Kapitel, die *Schulterbrücke*, trainiert die Schenkelbeuger sowie die Gesäßmuskulatur. Außerdem kräftigt die Übung die Rumpfmuskulatur und verbessert die Haltung.

1 Legen Sie sich auf den Rücken und stellen Sie die Beine auf. Die Füße sind hüftbreit auseinander, Hüften, Knie und Zehen bilden eine Linie. Tai tat sich schwer damit, die Füße direkt unter den Knien zu lassen. Spannen Sie die Pomuskeln an und stemmen Sie die Hüften zur Brücke hoch.

Der Oberkörper bildet eine Linie.

Die Füße sollten sich unter den Knien befinden.

Die Hüften bleiben oben.

Den Fuß in die Matte drücken.

2 Ein Bein im 45°-Winkel zum Oberkörper heben. Die Hüften nicht absenken! Das Körpergewicht ruht auf der Mittelachse und nicht nur auf dem aufgestellten Bein. Den Fuß flach in die Matte drücken und das Gewicht über die Fußmitte verteilen.

SHOULDER BRIDGE

3 Das gestreckte Bein so lang wie möglich machen. Einatmen. Das Bein zur Zimmerdecke kicken, ohne das Gewicht zu verlagern oder die Haltung zu ändern. Den Fuß beim Kicken lang machen, aber nicht verkrampfen.

Das Powerhouse aktivieren.

Die Arme flach in die Matte pressen.

4 Ausatmen, die Zehen zum Körper ziehen und das Bein auf die Höhe des anderen Knies absenken. Insgesamt drei Kicks absolvieren und die Übung mit dem anderen Bein wiederholen *(s. kleines Bild)*. Zum Schluss beide Füße aufstellen und die gesamte Wirbelsäule abrollen.

Die Hüften bleiben oben.

CAN-CAN

Während Sie die Übung *Can-Can* ausführen, sollte Sie spüren, wie Hüften und Oberschenkel gedehnt und geformt werden. Machen Sie den Oberkörper so lang wie möglich und achten Sie auf eine korrekte Box. Um das richtige Tempo zu halten, können Sie in Gedanken mitsprechen: »Rechts, links, rechts, kick!«

Die Hände liegen flach auf der Matte.

Die Beine aneinander pressen.

1 Stützen Sie sich auf die Ellbogen. Die Beine sind angezogen. Die Knie berühren einander, nur die Zehenspitzen befinden sich auf der Matte. Den Oberkörper lang machen, den Nabel zur Wirbelsäule ziehen und beide Knie nach rechts drehen.

2 Schultern und Hüften bilden ein gedachtes Rechteck. Jetzt die Knie über die Mittelachse nach links schwingen. Da die Knie dabei automatisch vom Körper wegstreben, müssen Sie sie bewusst zum Körper ziehen.

Auf eine rechteckige Box achten.

Das Körpergewicht gleichmäßig auf beide Arme verteilen.

3 Die Beine wieder nach rechts schwingen. Während Sie sich auf das Kicken vorbereiten, sollten Sie sich mental bereits auf das nächste Set einstellen.

FLEISSARBEIT HIP STRETCH

Auch die *Hüftdehnung* formt und strafft die Muskeln. Die Schenkelmuskulatur ist häufig überlastet. Beim Erlernen neuer Bewegungsabläufe tut es gut, sie regelmäßig zu dehnen. Machen Sie einen großen Ausfallschritt nach vorn. Verlagern Sie das gesamte Körpergewicht auf das vordere Bein und senken Sie die Hüfte ab, bis Sie die Dehnung in der Hüftrückseite sowie im Oberschenkel spüren. 30–45 Sekunden so bleiben und den Nabel zur Wirbelsäule ziehen. Die Übung zur anderen Seite wiederholen. Die Hüftdehnung an den Ruhetagen bzw. im Anschluss an das Workout ausführen.

4 Die Beine in Richtung Schulter schwingen und dabei hoch in die Luft kicken. In die Startposition zurückkehren und die Übung zur anderen Seite wiederholen. Das ist ein Set. Drei Sets auf beiden Seiten im Wechsel ausführen und dabei gleichmäßig weiteratmen.

Die Füße zielen hinter den Kopf.

Der Oberkörper darf nicht in sich zusammensinken.

MAGIC CIRCLE: STANDING

Obwohl sich viele Pilates-Übungen mit dem Magischen Ring ausführen lassen, gibt es andere, die speziell dafür entwickelt wurden. Dazu gehört auch *Das Stehen*. Die dem klassischen Ballett entlehnte Übung trainiert Po und Schenkel.

Anstelle des Rings können Sie auch einen Ball mit 40 cm Durchmesser verwenden.

1 Stellen Sie sich aufrecht hin und machen Sie einen kleinen Schritt nach vorn. Beide Füße zeigen nach außen. Den Magischen Ring bzw. Ball zwischen die beiden Fußknöchel klemmen. Die Hände in die Hüften stemmen oder sich an einem Stuhl festhalten, um das Gleichgewicht nicht zu verlieren.

Hüften und Schultern zeigen gerade nach vorn.

FLEISSARBEIT SIDE TO SIDE

Für das *Hin und Her* Ring zwischen die Knöchel klemmen und die Hände in die Hüften stemmen. Hüften und Schultern bilden ein gedachtes Rechteck. Das Gewicht auf ein Bein verlagern und das andere anheben. Bis 3 zählen und die Übung mit dem anderen Bein wiederholen. Das ist ein Set. Drei Sets mit beiden Beinen im Wechsel wiederholen. Die Übung an den Ruhetagen bzw. im Anschluss an das Workout ausführen.

MAGIC CIRCLE: STANDING 107

Oberkörper nicht nach vorn beugen

Das hintere Bein gestreckt lassen.

Der Ring ist parallel zum Boden.

Zehen anziehen

2 Das Gewicht auf den vorderen Fuß verlagern, ohne den Druck auf den Ring zu vermindern. Die Zehen des hinteren Fußes vor dem Heben anziehen. Das Gleichgewicht finden, die Position halten und bis 3 zählen.

3 Das Körpergewicht in einer fließenden Bewegung wieder nach hinten verlagern und den vorderen Fuß vom Boden lösen. Die Position halten und bis 3 zählen. Das ist ein Set. Drei Sets absolvieren. Das andere Bein nach vorn nehmen und weitere drei Sets absolvieren. Dabei gleichmäßig weiteratmen.

TAIS SCHLUSSBERICHT

Als die zehn Wochen um waren, tat es mir sehr Leid, das Training mit Tai zu beenden. Ich war mir sicher, dass sie noch viel erreichen konnte, wenn sie weiterhin nach der Pilates-Methode trainierte. Bei unserer letzten Sitzung übten wir zwei Mini-Workouts ein, die sie in Zukunft auch allein zu Hause durchführen kann: die Bauchmuskel- und die Side-Kick-Übungen *(s. S. 156–157)*. Tai war vor allem daran gelegen, ihre straffen Schenkel zu behalten und das Powerhouse weiter zu kräftigen. Inzwischen hatte sie begriffen, dass muskulöse Beine und Arme ohne eine kräftige Rumpfmuskulatur nicht zu haben sind. Während der letzten Woche trainierte Tai wie eine Besessene. Als wir dann abschließend ihre Maße nahmen, konnten wir erstaunliche Fortschritte feststellen. Wir waren überrascht, vor Augen geführt zu bekommen, was Joseph Pilates immer wieder aufs Neue erleben durfte – nämlich dass sich mit Ausdauer und Hingabe wirklich ein völlig neuer Körper erarbeiten lässt. Ein Ziel, zu dem Tai durch ihr hartes Training erheblich beigetragen hat. Mit ihren langen, straffen Beinen und einer deutlich schmaleren Taille war aus der eher stämmigen Tai eine schlanke, attraktive Frau geworden.

▲ **Vorher** In Woche 0 hatte Tai die folgenden Maße: Taille 75 cm, Hüften 105 cm, Oberschenkel (65 cm), Waden (52,5 cm). Ihre Beinmuskeln waren kaum zu sehen, Taille und Hüften ziemlich breit.

▲ **Nachher** Tais Taille maß nun 70 cm, zudem hatte sie schmalere Hüften (100 cm), schlankere Oberschenkel (59,5 cm) und Waden (44,5 cm). Auch ihre Haltung hatte sich verbessert, sodass sie beweglicher wirkte.

DIE ÜBUNGEN IM RÜCKBLICK

Um zu überprüfen, welche Fortschritte sie gemacht hatte, fragte ich Tai, welche Übung ihr anfangs am schwersten gefallen wäre. Tai nannte den Single Straight Leg Stretch *(s. S. 80–81)*. Wegen ihrer schwachen Beinmuskulatur hatte sie es nicht geschafft, das Bein richtig zu strecken. Nach 10 Wochen Training dagegen absolvierte sie die *Dehnung mit gestrecktem Bein* ohne Probleme.

▶ **Single Leg Kick** Zu Beginn des Programms waren Tais Schenkelbeuger so verhärtet, dass ihr Bewegungsradius während der Übung *Kicken mit einem Bein (s. S. 92–93)* äußerst gering war *(s. oben)*. In Woche 10 war Tai bereits so beweglich, dass ich ihr eine andere Übungsvariante zeigte: Ich bat sie mit jedem Kick den gesamten Oberschenkel von der Matte zu lösen *(s. unten)*.

Vorher

Nachher

▲ **The Teaser** Am Anfang stand *Das Wagenrad: Vorbereitung (s. S. 84)*, später kam der One-Legged Teaser *(Wagenrad mit einem Bein, s. oben)* weiter. In den letzten drei Wochen machte Tai das komplette *Wagenrad (s. rechts)*. Anfangs unterstützte ich Tai noch, doch es dauerte nicht lange, bis sie die Übung allein schaffte.

PROGRAMM FÜR EINE BESSERE HALTUNG

Mit das Erste, was uns an einem Menschen auffällt, ist seine Haltung. Wer sich wirklich gerade hält, strahlt Eleganz und Selbstvertrauen aus. Doch mit einer aufrechten Haltung allein ist es noch nicht getan, der Körper sollte außerdem locker und geschmeidig sein. Wer beweglich ist, kann sich strecken, dehnen, drehen, ohne dass es wehtut oder sein Verletzungsrisiko steigt. Trainieren Sie dreimal pro Woche nach folgendem Programm, wird sich Ihre Haltung deutlich verbessern.

PROGRAMMÜBERSICHT

Diese Fotoabfolge zeigt das komplette Programm für eine bessere Haltung. Am Anfang stehen Übungen, mit denen Sie die Rumpfmuskulatur kräftigen. Sie sorgen für die Ausdauer, die für das weitere Programm nötig ist. Beginnen Sie mit dem Basisprogramm und fügen Sie in den darauf folgenden Wochen nach und nach immer mehr Übungen hinzu und zwar genau in der unten abgebildeten Reihenfolge. Dieses Programm hält Sie durchgehend in Bewegung und trainiert jede Region Ihres Körpers.

The Hundred
(s. S. 20–21)

Roll Down
(s. S. 22–23)

Roll Up
(s. S. 114–115)

Single Leg Circles
(s. S. 24–25)

Double Straight Leg Stretch
(s. S. 128)

Criss-Cross
(s. S. 129)

Spine Stretch Forward
(s. S. 32–33)

Open Leg Rocker
(s. S. 130–131)

Spine Twist
(s. S. 138–139)

Side Kicks: Front
(s. S. 118–119)

Teaser
(s. S. 120–121)

Swimming
(s. S. 144–145)

PROGRAMMÜBERSICHT

SO FUNKTIONIERT DAS PROGRAMM

Ihr individuelles Programm beginnt mit Woche 2. Von nun an nehmen Sie alle drei Wochen eine neue Gruppe Übungen hinzu. Jede Gruppe ist mit einer anderen Farbe gekennzeichnet.

Während der ersten Woche absolvieren Sie alle gelb markierten Übungen. In Woche 2, 3 und 4 kommen die blau markierten Übungen hinzu. Als Nächstes integrieren Sie die pink markierten Übungen von Woche 5, 6 und 7,
um abschließend die grün markierten Übungen von Woche 8, 9 und 10 einzubinden. Absolvieren Sie die Übungen in der unten abgebildeten Reihenfolge und erweitern Sie Ihr Programm alle drei Wochen um neue Übungen.

Machen Sie alle Übungen, die Sie gelernt haben, die anderen lassen Sie noch aus. Arbeiten Sie sich von links nach rechts durch. In Woche 10 absolvieren Sie das auf diesen Seiten abgebildete Programm dann von Anfang bis Ende.

Rolling Like a Ball
(s. S. 26–27)

Single Leg Stretch
(s. S. 28–29)

Double Leg Stretch
(s. S. 30–31)

Single Straight Leg Stretch
(s. S. 116–117)

Corkscrew
(s. S. 142–143)

The Saw
(s. S. 132–133)

Swan Dive Preparation
(s. S. 134–135)

Neck Pull
(s. S. 136–137)

Mermaid
(s. S. 146–147)

The Seal
(s. S. 122–123)

Rowing: From the Chest
(s. S. 148–149)

Rowing: From the Hips
(s. S. 150–151)

Wall I and II
(s. S. 124–125)

WOCHE
ZWEI, DREI, VIER

Das Programm für eine bessere Haltung beginnt mit Übungen für die Rumpfmuskulatur. Die künftig immer lockerer und beweglicher werdenden Muskeln werden dann dank dieses Trainings von einer kräftigen Bauch- und Rückenmuskulatur aufgefangen.

ROLL UP

Das *Aufrollen* ist die natürliche Weiterentwicklung des *Abrollens* (Roll Down, s. S. 22–23), das in der ersten Woche vorgestellt wurde. Diese gemäßigte Übungsvariante ermöglicht es Ihnen, die Bauchmuskeln kontrolliert anzuspannen und sich Wirbel für Wirbel auf- und abzurollen.

1 Legen Sie sich flach auf den Rücken und pressen Sie die Beine zusammen, die Beine sind leicht angezogen. Die Füße fest in die Matte drücken und die Zehen anziehen. Die Hände auf die Oberschenkelaußenseiten legen. Einatmen, Bauchmuskeln anspannen und Kopf und Schultern so weit anheben, wie Sie können.

Knie und Füße zusammenpressen

Das Powerhouse aktivieren.

Schultern nicht hochziehen

2 Rollen Sie sich langsam Wirbel für Wirbel auf. Falls nötig nehmen Sie die Hände zu Hilfe. Visualisieren Sie, wie Ihre Taille dabei immer mehr gebeugt wird. Die Beine stets zusammenpressen. Wenn man die Rücken- und Beinmuskeln fest anspannt, ist diese Übung eine echte Herausforderung. Da Casey ziemlich zu kämpfen hatte, half ich ihr, die Bauchmuskeln effektiver anzuspannen. Zu Hause können Sie ein Sofa zu Hilfe nehmen *(s. Pilates-Tipps, unten)*.

Bauchmuskeln anspannen

Ellbogen nach außen drücken

3 Ausatmen und sich mit rundem Rücken über die Beine beugen. Die Knie strecken, die Zehen bleiben angezogen. Mit den Händen nach vorn gleiten, um die Dehnung zu vertiefen. Die Wirbelsäule bildet nach wie vor ein C. Anschließend den Körper wieder Wirbel für Wirbel abrollen. Die Beine anwinkeln, während Sie in die Startposition zurückkehren. Die Übung 5- bis 8-mal wiederholen.

Kopf zeigt nach vorne

Nabel zur Wirbelsäule ziehen

Die Beine strecken.

PILATES-TIPPS

- **Hilfsmittel nutzen!** Wenn Sie es nicht schaffen, die Beine auf der Matte zu halten, dann schieben Sie sie unter ein Sofa.
- **Sobald Sie diese Variante schaffen,** sollten Sie mit durchgängig gestreckten Beinen trainieren.
- **Wenn es schwierig wird,** die Bewegung verlangsamen und den Nabel noch weiter zur Wirbelsäule ziehen.
- **Die Schultern nicht verkrampfen.**
- **Klammern Sie sich nicht an die Beine.** Je kräftiger Sie werden, desto leichter gleiten die Hände über die Oberschenkel.
- **Setzen Sie sich ein Ziel.** Gegen Ende sollten Sie die Übung genauso absolvieren wie Ereka auf S. 40–41, nur ohne den Magischen Ring.

SINGLE STRAIGHT LEG STRETCH

Die Dehnung mit gestrecktem Bein, auch »Scissors« oder »Schere« genannt, wird von den drei Frauen für ihre Programme unterschiedlich genutzt. Um die Beweglichkeit zu trainieren, sollten Sie in erster Linie die mittleren Rückenmuskeln und das Powerhouse anspannen.

1 Auf den Rücken legen und beide Knie an die Brust ziehen, der Blick geht Richtung Bauchnabel. Ein Bein hochstrecken, mit beiden Händen die Wade umfassen und das andere Bein über der Matte nach vorn strecken. Die Zehen zum Körper und den Nabel weiter zur Wirbelsäule ziehen. Einatmen. Bein zweimal kurz in Richtung Körper schwingen.

Beide Hände umfassen die Wade.

Die Ellbogen weit auseinander halten und nicht hängen lassen.

SINGLE STRAIGHT LEG STRETCH

Die Ferse nach oben drücken.

Das Bein richtig strecken.

2 Ausatmen und die Übung mit dem anderen Bein wiederholen. Das ist ein Set. Die Beine erneut zur Schere grätschen und jedes Bein rhythmisch in Richtung Körper schwingen. Denken Sie daran die Vorderseite der Hüfte zu öffnen, wenn Sie das Bein absenken. Beim Heben des Beins die Zehen intensiv zum Körper ziehen, so als wollten Sie etwas mit der Ferse wegstoßen. 4–5 Sets mit beiden Beinen im Wechsel ausführen. Das Tempo ist moderat.

FLEISSARBEIT
HAMSTRING STRETCH

Die Schenkelbeugerdehnung ist eine Übung, die Sie jederzeit zu Hause oder im Büro durchführen können. Vor einen niedrigen Stuhl stellen und eine Ferse auf die Sitzfläche legen. Beide Beine strecken, den oberen Fuß zum Körper ziehen. Beide Hände auf den Oberschenkel stützen, um das Gleichgewicht zu halten. Den Oberkörper etwas nach vorn beugen. Dabei leicht ins Hohlkreuz gehen. Die Position 15 Sekunden lang halten. Das Bein entspannen. Übung 2- bis 3-mal wiederholen. Danach die Übung mit dem anderen Bein absolvieren. Die Dehnung an den Ruhetagen oder im Anschluss an das Workout ausführen.

SIDE KICKS: FRONT

Diesmal dienen die Side Kicks dazu, die Hüftmuskulatur zu kräftigen, zu formen und zu dehnen. Schließlich wollen wir für mehr Beweglichkeit sorgen. Außerdem trainiert die Übung den Gleichgewichtssinn. Sie erinnert an Aerobic-Elemente aus den 80er-Jahren. Joseph Pilates hat sie schon 60 Jahre früher verwendet, um seine Schüler zu trainieren.

1 Legen Sie sich auf die Seite, die Beinen bilden einen 45°-Winkel zum Rumpf. Den Kopf in die eine Hand stützen, die andere Hand hinter den Kopf nehmen. Stellen Sie sich vor, Sie würden von oben auf sich herunterschauen: Schultern und Hüften sollten sich genau übereinander befinden. Das obere Bein ein wenig anheben und die Ferse nach vorn drücken.

Der Ellbogen zeigt zur Zimmerdecke.

Den Nabel zur Wirbelsäule ziehen.

Die Hüften befinden sich genau übereinander.

SIDE KICKS: FRONT

2 Das obere Bein zweimal vorschwingen, ohne die Haltung zu ändern. Wenn Sie das Bein nach vorn strecken, nicht nach hinten kippen. Den Nabel so weit wie möglich zur Wirbelsäule ziehen, damit sich das untere Bein nicht von der Matte löst.

Der Blick ist nach oben gerichtet.

Das Bein zeigt parallel zum Boden.

Den Rumpf still halten.

Das untere Bein lang machen.

3 Das Bein zurückschwingen und nach unten und hinten verlängern. Den Fuß anwinkeln, zweimal nach vorn kicken und das Bein einmal nach hinten dehnen. Den Rumpf still halten und 8–10 Kicks absolvieren. Die Seiten wechseln und die Übung mit dem anderen Bein wiederholen.

PILATES-TIPPS

• **Nicht vor und zurück schaukeln.** Das Bein isolieren und die Bewegung mit dem Powerhouse kontrollieren. Der Oberkörper darf nicht in sich zusammenfallen, während Sie das Bein nach vorn schwingen.

• **Darauf achten,** dass die Beine während der Übung gestreckt sind.

• **Noch schwieriger wird die Übung,** wenn Sie das Bein aus der Hüfte heraus nach außen drehen. Als Variation können Sie auch die Hand aufstützen (s. S. 82).

• **Versuchen Sie,** immer weiter nach vorn zu kicken, aber achten Sie auf eine korrekte Haltung.

• **Die Zehen zum Körper ziehen,** um die Dehnung zu intensivieren. Die Ferse nach unten drücken. Das Bein gestreckt lassen.

TEASER

Das *Wagenrad* ist zu einem Synonym für Pilates geworden. Die Übung ist beeindruckend, aber lassen Sie sich davon nicht einschüchtern. Die Variante aus dem Basis-Programm war eine gute Vorbereitung. Wenn Ihnen die hier gezeigte Variante zu schwer fällt, absolvieren Sie *das Wagenrad mit Hilfsmittel (s. Kasten auf der rechten Seite).*

1 Drehen Sie sich auf den Rücken, winkeln Sie die Beine an und heben Sie sie von der Matte. Die Arme strecken Sie nach hinten über den Kopf. Einatmen und Arme, Kopf und Schultern nacheinander anheben. Dabei die Bauchmuskeln fest anspannen. Richten Sie sich auf.

Ober- und Unterschenkel bilden einen rechten Winkel.

Waden und Oberschenkel zusammenpressen

Den Nabel zur Wirbelsäule ziehen, um sich aufzurichten.

Arme lang machen

Brust aufrichten

Schenkel zusammenpressen

2 Ausatmen und dabei zum Sitzen aufrichten, die Beine bleiben angewinkelt. Die Bewegung aus dem Powerhouse entstehen lassen und weniger aus den Oberschenkeln. Die Beine nicht strecken, bevor Sie sich nicht wirklich aufgerichtet haben. Der untere Rücken bildet auch im »Sitzen« ein C. Wirbel für Wirbel abrollen und in die Startposition zurückkehren. Die Übung 3-mal wiederholen.

TEASER 121

3 Wenn Sie ganz oben sind, die Beine so strecken, dass sie einen 45°-Winkel bilden. Einatmen. Die Wirbelsäule auf der Matte abrollen. Langsam in die Startposition zurückkehren. Stellen Sie sich vor, man würde Ihren Rumpf von den Beinen wegziehen. Zwei Sets mit je 3 Wiederholungen absolvieren. Zwischen den Sets kurz pausieren.

Die Beine strecken, aber die Oberschenkelmuskeln nicht verkrampfen.

Vom Steißbein aus abrollen

FLEISSARBEIT ASSISTED TEASER

Wenn Ihnen das langsame Abrollen schwer fällt, verwenden Sie ein Hilfsmittel, z.B. ein Deuser-Band, ein Handtuch oder einen Gürtel. Hinsetzen und Beine aufstellen. Das Band unter ihren Fußsohlen hindurchführen. Beine in Wagenrad-Position strecken und das Band mit beiden Händen festhalten, bei Bedarf um die Handgelenke wickeln. Versuchen Sie, sich langsam Wirbel für Wirbel abzurollen. Dabei dürfen die Hände das Band entlang nach unten gleiten. Die Übung an den Ruhetagen oder im Anschluss an das Workout ausführen.

THE SEAL

Rollübungen sind ein wichtiger Bestandteil der Pilates-Methode – vor allem, wenn es um die Beweglichkeit geht. *Der Seehund* eignet sich hervorragend dazu, die Wirbelsäule geschmeidiger zu machen und die Bauchmuskeln zu kräftigen. Wer häufig unter Rückenverspannungen leidet, sollte das Übungstempo drosseln, um noch effektiver zu trainieren.

1 Setzen Sie sich an die vordere Kante der Matte, damit Sie genug Platz haben. Verteilen Sie Ihr Gewicht auf die Sitzknochen und ziehen Sie das Steißbein unter sich. Die Hände unter den Knien durchführen und die Fußknöchel von außen umfassen. Die Füße sollen knapp über der Matte schweben.

Die Fersen berühren sich, die Zehen nicht.

Die Knie sind schulterbreit auseinander.

THE SEAL

2 Die Bewegung aus den Bauchmuskeln heraus entstehen lassen. Zurückrollen und dabei die Hüften unter sich ziehen. Wirbel für Wirbel bis zum Ende der Schulterblätter zurückrollen. Die Beine angewinkelt lassen, sodass die Füße über den Kopf hinausragen. Die Bewegung umkehren und wieder in die Startposition zurückrollen, dort eine Weile verharren. Die Übung 8- bis 10-mal wiederholen.

Der Kopf darf die Matte nicht berühren.

Bis zum Ende der Schulterblätter rollen

FLEISSARBEIT PLOW

Das Trainingsziel beim *Pflug* besteht darin, ruhig weiterzuatmen und die Position zu halten, um die Rückenmuskulatur zu lockern und zu dehnen. Legen Sie sich mit dem Rücken auf die Matte. Den unteren Rücken mit beiden Händen abstützen und die Hüften in die Luft stemmen. Die Füße hinter den Kopf in Richtung Wand bringen. Versuchen Sie, die Knie neben den Ohren aufzustellen. Danach pressen Sie die gestreckten Arme flach auf die Matte. 30–60 Sekunden so verharren. Die Hüften langsam absenken und die Knie an die Brust ziehen. Den *Pflug* an den Ruhetagen oder im Anschluss an das Workout ausführen.

WALL I UND II

Um Haltungsfehler zu korrigieren, bedient sich die Pilates-Methode unter anderem der *Wand.* Auf diese Weise kann sich die optimale Haltung gut ins Muskelgedächtnis einprägen. Die hier vorgestellten Übungen sollte man eigentlich täglich ausführen!

WALL I

Stellen Sie sich in ungefähr 30 cm Abstand zu einer Wand auf. Den Rücken vom Kopf bis zum Steißbein an die Wand lehnen. Den Nabel zur Wirbelsäule ziehen und den Rücken ganz lang machen. Die Schulterblätter in die Wand drücken und den Nacken verlängern. 15–30 Sekunden lang so verharren und dabei gleichmäßig weiteratmen.

- Die Schulterblätter herunterziehen.
- Der Brustkorb ist entspannt.
- Die Bauchmuskeln anspannen.

FLEISSARBEIT SHOULDER ROLLS

Schulterkreisen fördert die Beweglichkeit und verbessert dadurch gleichzeitig die Haltung. Absolvieren Sie das *Schulterkreisen* anfangs immer vor den Übungen *Wall I* und *II*. Später können Sie es dann an den Ruhetagen oder im Anschluss an das Workout ausführen. Stellen Sie sich aufrecht hin und ziehen Sie die Schultern fast bis zu den Ohren. Dann lassen Sie die Schultern 5-mal nach vorn und nach hinten kreisen.

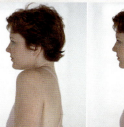 

WALL I UND II

Die Schulterblätter nach hinten und unten ziehen.

Die Wirbelsäule lang machen.

Der Blick geht geradeaus.

Den Nacken lang machen.

Die Arme bleiben im Blickfeld.

WALL II

1 Von der Startposition der vorigen Übung aus die Arme langsam anheben. Ändern Sie Ihre Haltung dabei nicht. Den Nabel zur Wirbelsäule und die Schulterblätter nach unten ziehen. Dabei gleichmäßig weiteratmen.

2 Sobald die Arme über dem Kopf angekommen sind, Halbkreise nach außen beschreiben und die Arme vor die Oberschenkel führen. Arme 3-mal kreisen lassen und dann die Bewegungsrichtung umkehren: Vor den Oberschenkeln beginnen. Arme zur Seite und dann über den Kopf führen.

CASEYS ZWISCHENBERICHT

UND DAS SAGT ALYCEA:

Caseys größtes Problem war ihre steife Wirbelsäule. Viele Leute schaffen die Auf- und Abrollübungen auf Anhieb, selbst wenn sie stark verkürzte Schenkelbeuger haben – nicht so Casey. Ihr fiel sogar die abgeschwächte Aufrollübung *(s. S. 114–115)* noch schwer. Es war ihr schlichtweg unmöglich, Wirbel für Wirbel langsam abzurollen. Stattdessen kam sie einfach nur mit Schwung nach oben – ihr Rücken war hart wie ein Brett und die Bauchmuskeln wölbten sich nach außen. Als ich Casey bat, sich vorzubeugen, scheiterte sie aufgrund ihrer verkürzen Schenkelbeuger und Wadenmuskeln.

Trotz dieser Schwierigkeiten gab sich Casey bei unseren Sitzungen viel Mühe und trainierte auch zu Hause regelmäßig. Sie besitzt eine schnelle Auffassungsgabe und natürliche Anmut. Der Schwerpunkt unseres Trainings bestand darin, Caseys unteren Rücken beweglicher zu machen. Um unser Ziel zu erreichen, absolvierte sie eine Kombination von Übungen, die ihre Muskeln kräftigten und dehnten. Auf diese Weise machte sie in dieser frühen Phase erstaunliche Fortschritte. Trotzdem wusste ich nicht recht, ob sie das bevorstehende Programm wirklich bewältigen würde. Ich hatte Angst, einige der Übungen könnten zu schwer für sie sein. Doch nach vier Wochen waren wir für das weitere Programm bestens gerüstet.

CASEYS MEINUNG

»Ich kannte Pilates bereits ein wenig, sodass ich wusste, was auf mich zukam. Ich beschloss nach wie vor alles zu essen, worauf ich Lust hatte. Als ich bei gestreckten Beinen versuchte, meine Zehen zu erreichen, und das nicht gelang, begriff ich, wie wichtig Beweglichkeit ist. Bisher hatte ich noch keinen Muskelkater. Nur ein leichtes Brennen bei den Bauchmuskelübungen. Die erste Woche fiel mir ziemlich leicht, aber nach dem ersten Fototermin ging das Training ja erst richtig los. Was meinte Alycea eigentlich mit Schulterblätter herunterziehen? Meine Schultern waren doch unten, oder etwa nicht? Ich hatte keine Ahnung, wie verspannt ich in dieser Region war. Anfangs konnte ich die Schultern so gut wie gar nicht bewegen. Ich trainiere hart, aber es gibt mir ein tolles Gefühl.«

UND WEITER GEHT'S!

Wenn Sie die folgenden Fragen mit Ja beantworten können, dürfen Sie mit den nächsten Übungen weitermachen.

Stimmt die Trainingsumgebung? Kleidung, Raumtemperatur, Luftfeuchtigkeit – das alles hat Einfluss auf Ihr Workout. Achten Sie bei Trainingsbeginn auf warme Kleidung und trinken Sie genug.

Wissen Sie, was mit einer beweglichen Wirbelsäule gemeint ist? Wenn es darum geht, Wirbel für Wirbel auf- oder abzurollen, müssen Sie eventuell die Hände zu Hilfe nehmen oder die Füße fixieren, um eine fließende Bewegung zu erzielen.

Beherrschen Sie die Übungen Wall I + II? Absolvieren Sie sie täglich, damit sich die aufrechte Haltung in Ihr Muskelgedächtnis einprägt.

Können Sie die einzelnen Bewegungen effektiv ausdehnen? Von kurzen, schnellen Bewegungen bekommt man keine langen, elastischen Muskeln. Denken Sie daran, die Übungen langsam und kontrolliert auszuführen.

DIE ÜBUNGEN IM RÜCKBLICK

Casey war begeistert über ihre Fortschritte. Es dauerte nicht lange, und sie beherrschte The Hundred *(Die Hundert, s. S. 20–21)* so gut, dass sie die Beine von Anfang an gestreckt hielt. Als wir den Single Straight Leg Stretch *(Dehnung mit gestrecktem Bein, s. S. 116–117)* einführten, waren Caseys Muskeln noch so verkürzt, dass sie ihre Beine nicht anwinkeln konnte. Aber nach der vierten Woche gelang ihr das mühelos. Auch der Teaser *(Wagenrad, s. S. 120–121)* klappte bald ohne Hilfestellung.

◀ **Single Leg Circles** Wegen ihres unbeweglichen unteren Rückens und der verkürzten Schenkelbeuger musste Casey die Übung Single Leg Circles *(Einfaches Beinkreisen, s. S. 24–25)* modifizieren. Dass sie das nicht trainierende Bein aufstellte, machte es ihr leichter, das Powerhouse zu aktivieren. Mit der Zeit schaffte sie die Übung auch mit gestrecktem Bein.

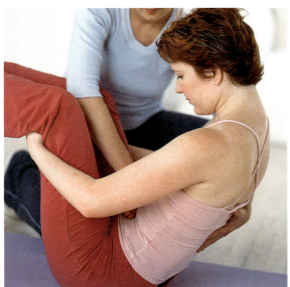

▲ **Rolling Like a Ball** Caseys Muskeln waren so verkürzt, dass sie zu der Übung *Rollen wie ein Ball* faktisch nicht in der Lage war. Sie versuchte daher zunächst, ihren unteren Rücken zu öffnen.

▲ **Rückendehnung** Linkes Bein anwinkeln. Rechte Hand ablegen. Rechtes Bein über das linke stellen. Linken Arm hinter das rechte Knie nehmen. Oberkörper nach rechts drehen. Zur anderen Seite wiederholen.

WOCHE
FÜNF, SECHS, SIEBEN

Wer das Programm konsequent absolviert hat, sollte bereits deutliche Fortschritte bemerken. Während der nächsten drei Wochen werden die Übungen immer komplexer: Jede Bewegung trainiert die Elastizität der Muskeln sowie die korrekte Haltung des Oberkörpers.

DOUBLE STRAIGHT LEG STRETCH

Diese Übungsvariante der *Dehnung mit beiden Beinen (s. S. 90–91)* hilft bei einem verspannten unteren Rücken bzw. verkürzten Schenkelbeugern. Durch die besondere Stellung der Hände *(s. unten)* fällt es leichter, die Bauchmuskeln anzuspannen.

Die Beine in Pilates-Stellung bringen.

Daumen und Zeigefinger berühren sich und bilden eine Raute.

Der Blick ist auf die Körpermitte gerichtet.

Den Nabel zur Wirbelsäule ziehen.

Ellbogen und Brust weit öffnen.

1 Legen Sie sich auf den Rücken und winkeln Sie beide Beine an. Schieben Sie die Hände unter das Becken. Strecken Sie beide Beine nach oben und spannen Sie die Bauchmuskeln an, um Kopf und Schultern anheben zu können.

2 Einatmen. Beine absenken, bis sie einen 45°-Winkel zur Matte bilden. Ausatmen, den Nabel zur Wirbelsäule ziehen und die Beine zurück nach oben schwingen. Die Übung 5- bis 8-mal wiederholen und mit dem Criss-Cross *(s. rechte Seite)* fortfahren.

CRISS-CROSS

Die letzte der fünf Bauchübungen heißt *Über Kreuz*. Jetzt, wo wir die geraden und queren Bauchmuskeln aufgewärmt haben, ist es höchste Zeit, auch die schrägen Bauchmuskeln zu fordern. Versuchen Sie alle fünf Übungen ohne Pause zu absolvieren.

1 Nehmen Sie die Hände hinter den Kopf, die Finger aber nicht verschränken. Ein Bein an den Körper ziehen und mit dem gegenüberliegenden Ellbogen das Knie berühren. Langsam bis drei zählen und die Position halten.

PILATES-TIPPS

- **Oberkörper langsam und kontrolliert absenken.** Wenn sich Ihre Bauchmuskeln bei der Dehnung mit beiden Beinen vorwölben, dann müssen Sie die Beine etwas höher heben.
- **Langsam trainieren.** Kraft und Ausdauer erwerben Sie nur durch langsame, kontrollierte Bewegungen. Nehmen Sie sich Zeit!
- **Durchhalten!** Criss-Cross ist die letzte der fünf Übungen. Ruhen Sie sich erst danach aus.
- **Immer in Bewegung bleiben.** Die Position der Hände zwischen den Übungen nahtlos wechseln.
- **Beim Drehen hochkommen.** Bei der Übung Criss-Cross mit dem Oberkörper so hoch wie möglich kommen.

Das Bein bildet einen 45°-Winkel.

Den hinteren Ellbogen nach außen drücken.

2 Den Oberkörper zur anderen Seite drehen und die Übung mit dem anderen Bein wiederholen. Das Knie eng an die Brust ziehen und den Oberkörper so weit wie möglich drehen, um die Taille zu trainieren. Gleichmäßig atmen und die Übung mit beiden Beinen im Wechsel absolvieren. Bis auf 6 Wiederholungen steigern. Wenn nötig, zwischendurch pausieren.

Die Schulter löst sich vollständig von der Matte.

OPEN LEG ROCKER

Die Übung *Rollen mit gestreckten Beinen* zielt vor allem darauf ab, die Muskeln des unteren Rückens zu öffnen und die Rückseiten der Beine zu dehnen. Je nach Beweglichkeit können Sie mit den vorbereitenden Bewegungen (Schritt 1–2) beginnen oder nur die eigentliche Übung ab Schritt 3 absolvieren.

1 Setzen Sie sich hin, verlagern Sie Ihr Gewicht nach hinten und ziehen Sie die Fußknöchel an den Rumpf. Die Knie sind schulterbreit auseinander, die Hände umfassen bequem die Knöchel. Die Füße hochheben und auf dem Steißbein balancieren. Das ist die Startposition. Den Rücken zum »C« runden und ein Bein vorsichtig hochstrecken.

Das Bein über die Schulter hinaus zur Seite nehmen.

Auf die »Box« achten

Das Bein so gerade wie möglich strecken.

Die Taille nach hinten schieben.

2 Mit dem Bein langsam und kontrolliert in die Startposition zurückkehren. Dann das andere Bein strecken und wieder anwinkeln. Das ist ein Set. Zwei weitere Sets absolvieren. Beim Strecken des Beins aus- und beim Anwinkeln einatmen. Mit jedem Beinstrecken den Nabel weiter zur Wirbelsäule ziehen, der Oberkörper bleibt aufrecht. Wer kann, macht mit Schritt 3–4 weiter.

OPEN LEG ROCKER

Die Beine sind etwas mehr als schulterbreit auseinander.

Die Arme bleiben gestreckt.

3 Um das eigentliche *Rollen mit gestreckten Beinen* zu absolvieren, begeben Sie sich in die Startposition *(s. kleines Bild, Schritt 1)*. Ausatmen und beide Beine hochstrecken, dabei die Fußknöchel fest umschließen. Bis Sie die korrekte Position einnehmen können, dürfen die Hände bis zu den Waden hochgleiten und die Beine leicht gebeugt sein.

Die Schulterblätter nach unten und zueinander ziehen.

PILATES-TIPPS

- **Nicht mit Schwung aufrollen!** Die Herausforderung besteht darin, in einer langsamen, fließenden Bewegung hochzukommen.
- **Arme und Beine strecken.** Die Bewegung ruhig aus der Körpermitte heraus entstehen lassen.
- **Die Schenkelbeuger nicht überfordern.** Die Beine anfangs weiter oben umfassen und sich langsam zu den Knöcheln hinunterarbeiten.
- **Auf eine korrekte Haltung achten.** Der Oberkörper darf beim Hochrollen nicht in sich zusammenfallen.

4 Einatmen, das Steißbein unter den Körper ziehen und sich langsam bis ans Ende der Schulterblätter abrollen. Ausatmen, die Bewegung umkehren und in die Ausgangsposition von Schritt 3 zurückkehren. 5- bis 8-mal vor und zurück rollen.

Die Arme gestreckt lassen.

Die Hüften lösen sich von der Matte.

Nicht auf den Nacken rollen.

THE SAW

Der menschliche Körper kann sich in viele Richtungen dehnen – nach vorn, nach hinten und zur Seite. Bei der *Säge* dehnen wir den Körper beim Drehen. Stellen Sie sich bei jeder Drehung vor, Ihr Unterkörper sei ein Einmachglas und der Oberkörper der Schraubdeckel dazu.

1 Setzen Sie sich aufrecht hin, die Beine liegen gegrätscht auf der Matte, die Zehen sind angezogen. Die Arme seitlich ausstrecken. Einatmen und den Oberkörper zur Seite drehen. Beide Hüften bleiben auf der Matte.

Die Schulterblätter herunterziehen.

Die gegenüberliegende Hüfte fest in die Matte drücken.

Den Oberkörper drehen

PILATES-TIPPS
- **Beide Fersen sind gleich weit vom Körper entfernt.** Keine darf sich vorschieben.
- **Den Rücken zu einem C runden.** Den Nabel zur Wirbelsäule ziehen, der untere Rücken darf nicht zusammensinken.
- **Keine Zwischenpausen machen.** Aufrecht sitzen ist auch eine Übung!

Die Handfläche zeigt zum Körper.

Der kleine Finger berührt den kleinen Zeh.

2 Den Oberkörper nach vorne beugen. Jetzt mit dem kleinen Finger den kleinen Zeh des gegenüberliegenden Fußes berühren. Das Kinn zur Brust fallen lassen. Der Blick ist auf den hinteren Arm gerichtet. Sanft und intensiv in die Dehnung gehen. Die Hüften fest in der Matte verankern und tief ausatmen.

THE SAW

Die Arme bleiben im Gesichtsfeld.

Die Zehen an den Körper ziehen.

3 Einatmen und in die Startposition zurückkehren. Den Nabel zur Wirbelsäule ziehen, ohne einen Buckel zu machen oder ins Hohlkreuz zu gehen. Die Kniekehlen fest in die Matte drücken und die Fersen nach vorn schieben.

4 Den Oberkörper in die andere Richtung drehen und sich vorbeugen. Die gegenüberliegende Seite dehnen. Die Beine so ausrichten, dass Hüften und Knie nicht nach innen kippen. Beugen Sie sich langsam vor und rollen Sie in die Startposition zurück. Das ist ein Set. 3–4 Sets auf beiden Seiten im Wechsel absolvieren.

SWAN DIVE PREPARATION

Eine gesunde Wirbelsäule ist so beweglich, dass sie sich in alle Richtungen drehen kann. Bei der Übung *Tauchender Schwan* geht es jedoch weniger ums Drehen, als vielmehr ums Strecken und Dehnen. Diese vorbereitende Übung sollte direkt im Anschluss an *Die Säge* *(s. S. 132–133)* absolviert werden.

1 Legen Sie sich flach auf den Bauch. Die Hände befinden sich direkt unter den Schultern. Stemmen Sie sich mit den Armen hoch, pressen Sie die Beine zusammen und spannen Sie die unteren Rückenmuskeln an. Die Hände in den Boden pressen und den Körper so weit wie möglich nach oben stemmen.

Die Brust ist geöffnet, die Schulterblätter sind heruntergezogen.

2 Die Hände von der Matte lösen und nach vorn schaukeln. Während die Beine hochkommen, fällt der Oberkörper nach vorn. Haben die Beine den höchsten Punkt erreicht, die Hände wieder auf die Matte stützen.

Die Ellbogen zeigen zur Zimmerdecke.

Die Beine möglichst gestreckt halten.

3 Die Hände in die Matte drücken und sich wieder in die Startposition hochstemmen. Ohne Pause vor und zurück wippen. Die Übung 5- bis 8-mal wiederholen. Beim Fallenlassen aus- und beim Hochstemmen einatmen.

Die Taille stabilisieren.

Die Ellbogen locker lassen.

Knie dürfen auseinander gehen

Po senkt sich in Richtung Fersen

4 Nach der letzten Wiederholung auf die Fersen setzen. Die Arme nach vorn strecken, die Hände liegen auf der Matte. Diese Position gleicht die Haltung des Rückens während des Swan Dive wieder aus. Nach ein paar Atemzügen rollen Sie sich wieder zum Sitzen hoch.

FLEISSARBEIT NECK ROLL

Mit dem *Nackenrollen* stimmen Sie Ihren Körper auf die Vorbereitung zum Swan Dive ein. Stützen Sie sich wie in Schritt 1 auf, aber nur halb so hoch. Ober- und Unterarme bilden einen rechten Winkel. Den Kopf kreisen lassen: Erst über die eine Schulter nach hinten blicken und dann über die andere. Die Übung 2- bis 3-mal wiederholen. Den Oberkörper wieder absenken und auf die Fersen zu sitzen kommen *(s. Schritt 4)*. Das Nackenrollen an den Ruhetagen bzw. vor dem Swan Dive ausführen.

NECK PULL

Das *Ziehen am Hals* ist eine Übung, die gleich mehrere Körperpartien ins Visier nimmt. Anstatt sie alle auf einmal anzugehen, sollten Sie sich beim Auf- und Abrollen als Erstes auf die Beweglichkeit der Wirbelsäule konzentrieren. Sobald das funktioniert, können Sie die Aufmerksamkeit auf andere Aspekte der Übung lenken.

1 Legen Sie sich flach auf den Rücken, die Hände befinden sich hinter dem Kopf. Die Füße sind hüftbreit auseinander, die Zehen angezogen. Einatmen, sich langsam aufrollen und über die Beine beugen, dabei den Oberkörper ganz rund machen.

Die Zehen anziehen.

Den Rücken zu einem C runden.

Die Ellbogen weit öffnen.

Kopf und Wirbelsäule bilden eine Linie.

Die Rückseiten der Beine ganz lang machen.

2 Einatmen und den Rücken Wirbel für Wirbel aufrollen, bis Sie aufrecht sitzen. Den Hinterkopf in die Hände pressen, um die Wirbelsäule zu verlängern. Die Gesäßmuskeln anspannen und sich mental von der Matte weg nach oben verlängern.

NECK PULL

Die Fersen nach vorn drücken.

Den Rücken ganz lang machen.

3 Mit geradem Rücken nach hinten neigen. Stellen Sie sich vor, Kopf und Füße zögen an Ihrer Körpermitte. Der Kopf will immer höher hinaus, die Fersen wollen weiter nach vorn.

PILATES-TIPPS
- **Die Bewegung fließend gestalten!** Die Schritte 1–4 nahtlos aneinander reihen.
- **Damit die Beine auf der Matte bleiben,** können Sie die Füße unter ein Sofa klemmen.
- **Keinen Schwung holen,** weil Ihre Bauchmuskeln zu schwach sind. Halten Sie sich stattdessen lieber mit den Armen an den Beinen fest.

4 Das Becken unter den Körper ziehen und den unteren Rücken runden, sobald die Bauchmuskeln erschöpft sind. Ausatmen und dabei einen Wirbel nach dem anderen abrollen, bis Sie wieder flach auf dem Rücken liegen. Die Übung 5- bis 8-mal wiederholen.

Die Beine in die Matte drücken.

Den Nabel zur Wirbelsäule ziehen.

Die Ellbogen weiterhin zur Seite strecken.

SPINE TWIST

Das *Drehen der Wirbelsäule* dehnt die Muskeln, die entlang der Wirbelsäule liegen. Anstatt sich wie bei The Saw *(Die Säge, S. 132–133)* weit nach vorn fallen zu lassen, richten wir uns auf und konzentrieren uns auf die korrekte Haltung während der Dehnung.

1 Setzen Sie sich aufrecht hin. Die Beine sind gestreckt, die Arme auf Schulterhöhe seitlich angehoben. Kopf, Schultern, Taille und Hüften bilden eine Linie. Die Beine berühren sich, die Zehen sind angezogen. Einatmen. Ausatmen und die Wirbelsäule zweimal auf eine Seite drehen.

Die Schultern bleiben auf gleicher Höhe.

Die Handflächen zeigen nach unten.

Zehen anziehen und die Füße ruhig halten.

2 Einatmen und in die Startposition zurückkehren. Auf einen korrekten Bewegungsablauf achten. Die Rückkehr in die Startposition stellt keine Pause dar. Wachsen Sie mit jeder Wiederholung weiter über sich hinaus. Ziehen Sie den Nabel zur Taille, und machen Sie sofort weiter.

Die Schultern in Richtung Boden drücken.

Die Schulterblätter nach hinten ziehen.

Die gegenüberliegende Hüfte in Richtung Boden drücken.

3 Nehmen Sie den Oberkörper und die Arme als eine Einheit wahr. Drehen Sie sich zweimal zur anderen Seite und verlängern Sie Ihre Taille so weit wie möglich. Das ist ein Set. Drehen Sie sich flott hin und her und absolvieren Sie 3–5 Sets.

FLEISSARBEIT ROTATION STRETCH

Um die Drehung zu vertiefen, klemmen Sie sich eine Stange oder einen Besenstiel hinter den Rücken. Drehen Sie sich langsam in eine Richtung und achten Sie darauf, dass Ihre Hüften nicht mitgehen. Nur der Oberkörper dreht sich. Vertiefen Sie die Drehung 2- bis 3-mal in jede Richtung und bleiben Sie etwa 20–30 Sekunden lang in der Dehnung. Die *Drehdehnung* im Stehen oder Sitzen ausführen – und zwar an den Ruhetagen oder im Anschluss an das Workout.

CASEYS ZWISCHENBERICHT

CASEYS MEINUNG

»Inzwischen haben mich sogar schon Freunde auf meine gute Haltung angesprochen! Beweglicher bin ich auch geworden: Mittlerweile kann ich bei gestreckten Beinen meine Zehenspitzen berühren. Mein Rücken ist kräftiger, aber auch gelenkiger geworden. Ich liebe meine Dehnübungen, nur bei der Übung Teaser *(Wagenrad)* stelle ich mich immer noch ziemlich ungeschickt an.

Dafür passe ich wieder in Hosen, die mir zu klein geworden waren. Sogar im Spagettiträger-Top mache ich eine gute Figur. Als ich neulich an den Strand ging, hatte ich ein Bikini-Oberteil und Shorts an, die lange Zeit weit hinten in der Schublade gelegen hatten, weil sie mir zu knapp geworden waren. Alles sitzt jetzt so, wie es soll, und ich fühle mich rundum fantastisch.«

UND DAS SAGT ALYCEA:

Bei unserer zwanzigsten Sitzung zeigte sich, dass Casey enorme Fortschritte gemacht hatte. Ihre Taille war wesentlich schmaler geworden, was ihr eine viel kurvigere Figur verlieh. Ihre Schultern waren entspannt und ihre ganze Haltung hatte sich verbessert. Außerdem gelang es Casey endlich, ihre Zehen zu berühren. Ihre Figur wirkte länger und schlanker. Doch als Lehrerin achte ich weniger auf Äußerlichkeiten, als auf eine korrekte Technik. Unsere größte Herausforderung bestand darin, so hart zu trainieren, dass sich Caseys Körper von Grund auf änderte. Die oben liegenden Muskeln zu kräftigen ist eine Sache, die tiefer liegenden anzusprechen eine ganz andere. Wer nur oberflächlich trainiert, betrügt sich selbst. Es kam vor, dass Casey eine bestimmte Bewegung zwar ausführte, aber nicht in den richtigen Muskeln spürte. Um dieses Problem anzugehen, mussten wir die Übungen Schritt für Schritt durchgehen. Das galt besonders für diejenigen, bei denen es auf die Beweglichkeit der Wirbelsäule und die Bauchmuskeln ankommt wie beim Roll Down *(Abrollen, s. S. 22–23)*, beim Roll Up *(Aufrollen, s. S. 114–115)* sowie beim Neck Pull *(Ziehen am Hals, s. S. 136–137)*. Nach unserer zwanzigsten Sitzung gelang es Casey endlich, Wirbel für Wirbel auf- und abzurollen.

UND WEITER GEHT'S

Wenn Sie die folgenden Fragen mit Ja beantworten können, dürfen Sie mit den nächsten Übungen weitermachen.

Schaffen Sie alle Bauchmuskelübungen ohne Verschnaufpause? Wer kräftigere Bauchmuskeln hat, tut sich auch leichter, die untere Rückenmuskulatur zu aktivieren.

Schaffen Sie es, die Übung mit jeder Wiederholung noch intensiver zu gestalten? Zum Beispiel, indem Sie den Nabel noch weiter zur Wirbelsäule oder das Bein noch ein Stück näher an den Rumpf heranziehen?

Haben Sie auch im Alltag auf eine korrekte Haltung geachtet? Die Pilates-Prinzipien gelten nicht nur während des Workouts!

Nehmen Sie die Arme zur Hilfe um die Dehnung bei den Bauchmuskelübungen zu vertiefen? Ziehen Sie die Beine mit den Armen eng an den Körper, um noch beweglicher zu werden.

DIE ÜBUNGEN IM RÜCKBLICK

In diese Trainingsphase integrierten wir noch die Abschlussübung der Bauchmuskelserie und erhöhten die Zahl von Caseys Wiederholungen. Bei der Übung Double Straight Leg Stretch *(Dehnung mit gestreckten Beinen, s. S. 128)* konnte sie die Hände bald über der Brust kreuzen *(s. unten)*. Und aus der Swan-Dive-Vorbereitung *(Tauchender Schwan, s. S. 134–135)*, bei der es anfangs nur darum gegangen war, den Körper hochzustemmen und wieder fallen zu lassen, wurde eine richtige Wippbewegung. Darüber hinaus passten wir die Übungen folgendermaßen an:

▲ **Double Straight Leg Stretch** Um das Powerhouse zu aktivieren und die Beweglichkeit der Wirbelsäule zu erhöhen, kreuzte Casey die Arme über der Brust, hielt die Beine still und hob und senkte den Oberkörper.

▲ **Open Leg Rocker** Nachdem Casey Schritt 1 und 2 des *Rollens mit gestreckten Beinen (s. S. 130–131)* gemeistert hatte, verwendete sie ein Deuserband, um die Übung komplett auszuführen.

◀ **Neck Pull** Damit Casey Wirbel für Wirbel auf- und abrollen konnte, mussten wir beim *Ziehen am Hals (s. S. 136–137)* einige Änderungen vornehmen. Anstatt Beine und Arme zu strecken, sollte Casey sie anwinkeln. Anfangs fixierte ich ihre Füße, bis sie kräftig genug war, die Übung allein auszuführen.

Woche
ACHT, NEUN, ZEHN

In diesen letzten drei Wochen werden wir Ihre neu erworbenen Fähigkeiten auf eine harte Probe stellen. Selbst wenn Sie am Ende unseres Programms noch nicht alle Übungen beherrschen – Ihre Muskeln werden mit Sicherheit kräftiger und geschmeidiger sein!

CORKSCREW

Der Korkenzieher ist ideal dazu geeignet, Beweglichkeit und Haltung zu verbessern. Während Sie die Beine kreisen lassen, müssen Sie den Oberkörper mit Hilfe des Powerhouse stabilisieren. Die Brust bleibt offen und die Schulterblätter sind heruntergezogen.

1 Auf den Rücken legen und Beine anziehen. Die Arme liegen seitlich neben dem Körper, die Handflächen zeigen nach unten. Beine zur Zimmerdecke strecken und in Pilates-Stellung drehen. Der Oberkörper bleibt gerade, der Hals ist lang, die Schulterblätter sind heruntergezogen. Den Nabel zur Wirbelsäule ziehen und einatmen.

Den Nabel zur Wirbelsäule ziehen

Schulterblätter in die Matte drücken.

PILATES-TIPPS

- **Visualisieren Sie die perfekte Haltung.** Schieben Sie das Kinn Richtung Brust, um die Wirbelsäule gerade zu machen.
- **Den Oberkörper stabilisieren.** Während die Beine kreisen, rührt sich der Rumpf nicht von der Stelle. Die Hüften dürfen ein bisschen mitgehen.
- **Die Atmung zu Hilfe nehmen.** Während Ihre Beine den tiefsten Punkt erreichen, atmen Sie tief aus. Ziehen Sie den Nabel zur Wirbelsäule, um die Beine wieder zurück zur Mitte zu bringen.
- **Nutzen Sie Ihre Hände.** Wenn Sie ungewollt ins Hohlkreuz gehen, schieben Sie die Hände unter das Kreuzbein *(s. S. 128)*.

2 Ausatmen und die Beine nach rechts bewegen, während der Oberkörper stabil bleibt. Beide Fersen berühren einander. Während Sie die Beine von sich weg strecken, drücken Sie die Taille auf der anderen Seite in den Boden. Die Rückseiten der Arme ebenfalls in die Matte pressen.

Die Beine zeigen zur Zimmerdecke.

3 Die Beine zur Mittelachse des Körpers absenken, bis sie einen 45°-Winkel zum Boden bilden. Die Bauchmuskeln bleiben angespannt! Den Nabel so weit wie möglich zur Wirbelsäule ziehen.

Den Nabel fest zur Wirbelsäule ziehen

4 Um die Kreisbewegung zu vollenden, die Beine nach links schwingen und dann zurück zur Mitte. Dann andersherum kreisen. Das ist ein Set. 3–4 Sets ausführen. Während der ersten Halbkreisbewegung ein- und während der zweiten ausatmen.

SWIMMING

Gegenbewegungen sind ein fester Bestandteil unseres Lebens: Schon beim Gehen benötigen wir sie. *Das Schwimmen* ist eine der wenigen Übungen der klassischen Pilates-Methode, die auf Gegenbewegungen beruhen. Beginnen Sie mit langsamen Bewegungen. Wenn Sie etwas mehr Übung haben, können Sie das Tempo steigern, bis ein zügiger, rhythmischer Bewegungsablauf entsteht.

1 Legen Sie sich auf den Bauch. Die Arme nach vorn strecken, der Kopf ist angehoben. Die Schulterblätter herunterziehen und die Brust öffnen. Einen Arm und das gegenüberliegende Bein anheben und in die jeweilige Gegenrichtung verlängern.

Der Nacken bleibt lang.

Das Gewicht nicht auf eine Seite verlagern.

2 Dann den anderen Arm bzw. das andere Bein strecken und verlängern, dazwischen keine Pause einlegen. Das Powerhouse stabilisiert den ganzen Körper, Arm und Bein befinden sich knapp über dem Boden. Die Schulterblätter stets herunterziehen.

Die Beine bleiben zusammen.

Der Blick ist nach vorn gerichtet.

Die Bauchmuskeln sind angespannt.

3 Mit Armen und Beinen Paddelbewegungen ausführen und bis 30 zählen. Tempo und Intensität in Zehnerschritten steigern. Jeweils auf fünf ein- und auf fünf ausatmen.

Die Beine so gestreckt wie möglich lassen.

4 Arme und Beine ablegen. Auf die Fersen zu sitzen kommen, um den unteren Rücken in die Gegenrichtung zu dehnen. Dabei den Nabel weg von den Oberschenkeln hin zur Wirbelsäule ziehen. Den Kopf zwischen den Armen auf die Matte legen. 15–30 Sekunden so verharren.

FLEISSARBEIT CHEST AND SHOULDER STRETCH

Bei der Brust- und Schulterdehnung nehmen wir die Schwerkraft zu Hilfe. Stellen Sie sich hin, die Füße sind hüftbreit auseinander. Beugen Sie sich vor und lassen Sie den Kopf hängen. Die Hände hinter dem Rücken verschränken. Die Knie sind leicht gebeugt. Jetzt die Hände langsam in Richtung Boden sinken lassen, die Arme bleiben möglichst gestreckt. Wenn die Schultergelenke schmerzen, winkeln Sie die Arme leicht an. Wenn nötig, tiefer in die Knie gehen. Den Kopf schwer nach unten hängen lassen. 10–15 Sekunden lang in dieser Position verharren, dann die Hände wieder in Richtung Wirbelsäule strecken. Den Oberkörper langsam aufrollen, zum Stehen kommen und d e Finger lösen. Die *Brust- und Schulterdehnung* an den Ruhetagen oder im Anschluss an das Workout ausführen.

MERMAID

Die Dehnung zur Seite wie sie bei der *Meerjungfrau* geübt wird, kommt im Alltag eher selten vor und ist deshalb schwer auszuführen. Doch wer sie beherrscht, kann auch die seitlichen Muskeln kontrollieren. Sie werden staunen, wie viele Bewegungen Ihnen damit in Zukunft leichter fallen!

Knie und Füße liegen übereinander.

Der Arm ist gestreckt.

Den gestreckten Arm ans Ohr drücken.

1 Im Sitzen die Beine seitlich an den Körper ziehen. Mit der einen Hand die Fußknöchel umfassen, die andere hochstrecken. Halten Sie den gestreckten Arm dicht am Ohr, während Sie ausatmen, den Oberkörper zur Seite neigen. Die untere Hand zur Hilfe nehmen, um die Dehnung zu intensivieren. Der Kopf bleibt nahe am Oberarm.

MERMAID 147

2 Die Füße loslassen und den Oberkörper zur anderen Seite neigen. Dabei den gestreckten Arm nach unten nehmen und auf dem Boden aufstützen. Den anderen Arm über den Kopf führen und strecken. Die Knie und Knöchel bleiben übereinander und die Taille ist gedehnt. Stemmen Sie sich energisch von der Matte hoch.

Die Finger zeigen vom Körper weg.

Die Brust ist offen.

Die Schultern bleiben offen.

Die Brust ist offen.

3 Schnell wieder die Fußknöchel umfassen wie in Schritt 1. Den Oberkörper noch tiefer neigen. Die Übung 3-mal wiederholen. Beim Neigen und Dehnen ausatmen. Um Casey zu zeigen, wie es sich anfühlt, wenn die Brust offen bleibt, half ich ihr anfangs bei der Dehnung.

PILATES-TIPPS

- **Die Brust öffnen.** Die Rippen wie ein Akkordeon auseinander ziehen.
- **Den Oberkörper lang machen,** um die Rippenmuskulatur noch weiter zu dehnen. Der Oberkörper darf nicht in sich zusammensinken.
- **Die ganze Übung möglichst exakt ausführen,** um den größten Nutzen daraus zu ziehen.

RUDERÜBUNGEN: FROM THE CHEST

Diese Übung wird eigentlich auf einem Pilates-Gerät ausgeführt, dem so genannten Universal Reformer. Am besten lernt man sie jedoch mit Kurzhanteln. *Das Rudern aus der Brust* dehnt und kräftigt die Muskeln auf der Beinrückseite ebenso wie die des unteren Rückens. Außerdem sorgt es für einen offenen Brustkorb.

1 Setzen Sie sich hin, die Beine sind gestreckt. In jeder Hand halten Sie eine 1-kg-schwere Hantel. Die Ellbogen befinden sich hinter dem Rumpf, die Hände direkt neben der Brust. Einatmen und die Arme diagonal zur Zimmerdecke strecken.

Die Gesäßmuskeln anspannen.

Die Zehen lang machen.

2 Ausatmen und die Arme gleichmäßig nach unten drücken, bis sie die Matte neben den Oberschenkeln kurz berühren. Stellen Sie sich vor, Ihr Oberkörper würde länger und länger, um mehr Platz für die Arme zu bekommen. Die Pomuskeln bleiben angespannt und die Beine gestreckt.

Die Schulterblätter herunterziehen.

Die Taille seitlich verlängern.

PILATES-TIPPS
- **Folgender Zählrhythmus** unterstützt das Muskelgedächtnis: »Hoch, runter, hoch und rund.«
- **Die Oberschenkel anspannen** und die Innenseiten fest zusammenpressen. Die Knie dürfen sich nicht voneinander lösen.
- **Den Himmel berühren.** Den Oberkörper Schritt für Schritt verlängern. Stellen Sie sich vor, ihr Scheitel wüchse immer weiter nach oben.
- **Je nachdem, wie lang Ihre Arme sind,** erreichen Ihre Arme den Boden früher oder später als Caseys.

RUDERÜBUNGEN: FROM THE CHEST

Die Rippen müssen zusammenbleiben.

Den Nacken lang machen

3 Einatmen, die Arme wieder diagonal zur Zimmerdecke strecken. Dabei den Nabel fest zur Wirbelsäule ziehen. Die Schulterblätter aktiv nach unten ziehen und auf keinen Fall einen Buckel machen.

4 Ausatmen und die Arme so weit wie möglich nach unten und zur Seite nehmen. In die Startposition zurückkehren *(s. Schritt 1, kleines Bild)* und die Übung 3-mal wiederholen.

Die Arme noch weiter absenken.

RUDERÜBUNGEN: FROM THE HIPS

Absolvieren Sie das *Rudern aus der Hüfte* direkt nach dem *Rudern aus der Brust* (s. S. 148–149). Diese Übung sorgt für eine gerade Haltung und trainiert die Beweglichkeit der Wirbelsäule. Trainieren Sie stets gegen die Gewichte und lassen Sie die Bewegungen nahtlos ineinander übergehen.

1 Aufrecht hinsetzen. Pressen Sie die gestreckten Beine zusammen und halten Sie die Hanteln in den Händen. Die Zehen zum Körper ziehen, um die Beine zusätzlich zu dehnen. Sich nach vorn beugen, bis die Stirn zu den Knien zeigt. Die Beine dabei nicht anwinkeln.

Die Arme sind leicht angewinkelt.

Die Kniekehlen in die Matte pressen.

2 Ausatmen und die Arme nach vorn zu den Fersen strecken. Die Hanteln befinden sich knapp über der Matte. Hier streifen Caseys Hände die Matte sogar. Den unteren Rücken ganz rund machen. Den Kopf nach unten hängen lassen und mit dem Oberkörper noch tiefer kommen.

Die Schultern nach unten und zusammenziehen.

RUDERÜBUNGEN: FROM THE HIPS

3 Rollen Sie sich langsam Wirbel für Wirbel auf. Arbeiten Sie sich dabei vom Steißbein über den mittleren Rücken nach oben vor; Schultern und Kopf zuletzt aufrichten. Die Arme sind gestreckt und parallel zu den Beinen.

Die Arme sind parallel zu den Beinen.

Den Nabel zur Wirbelsäule ziehen

PILATES-TIPPS

- **Den Bewegungsablauf unterteilen.** Manchen fällt die Übung leichter, wenn sie sie mental in zwei Teile gliedern. Der erste Teil endet mit Schritt 3, wenn die Arme parallel zu den Beinen sind. Der zweite Teil wiederholt das Ende des *Ruderns aus der Brust (s. S.148–149)*: Die Übungen enden mit der halbkreisförmigen Bewegung der Arme nach unten und zur Seite.
- **Die Haltung überprüfen.** Rumpf und Beine bilden einen rechten Winkel. Achten Sie darauf, sich nicht zu weit nach hinten zu lehnen.
- **Mental die Sitzknochen zusammenpressen.** Das hilft, den Oberkörper lang zu machen.

Den Kopf nicht zur Seite drehen

Der Blick geht geradeaus.

Rumpf und Beine bilden einen rechten Winkel.

4 Ausatmen und die Arme diagonal zur Zimmerdecke strecken. Oberkörper und Beine bilden einen rechten Winkel. Geradeaus schauen und nicht vergessen, den Nabel zur Wirbelsäule zu ziehen.

5 Die Arme nach unten und zur Seite schwingen und den Oberkörper dabei nach oben verlängern. Die Hände zurück zu den Hüften bringen *(s. Schritt 1, kleines Bild)* und die Übung 3-mal wiederholen.

CASEYS SCHLUSSBERICHT

Nach 30 Sitzungen hatte Casey mehr als nur einen Pilates-Schnupperkurs absolviert. Da es bei ihr hauptsächlich um den Rumpf ging, war ihr Programm klassischer als das der anderen Frauen. Casey begriff sehr schnell, wie die einzelnen Übungen aufeinander aufbauen. Insofern bin ich mir ziemlich sicher, dass sie von dem Programm ein ganzes Leben lang profitieren wird.

Auf Casey bin ich auch ganz besonders stolz. Schließlich hatte ich so meine Zweifel, ob man bei ihr nach 30 Sitzungen schon mit sichtbaren Erfolgen rechnen konnte. Jeden Tag kommen Leute zu mir ins Studio, die schon seit Jahrzehnten über bestimmte Beschwerden klagen. Und trotzdem erwarten sie, dass ich ihren Körper über Nacht verändern kann. Casey dagegen war sich ihrer körperlichen Grenzen durchaus bewusst. Aber anstatt sich nur auf das Training im Studio zu verlassen, ging sie die Sache von Grund auf an. Sie beherzigte die Pilates-Prinzipien auch im Alltag und machte auf diese Weise rasch Fortschritte. Weil sie sich genug Zeit zum Dehnen nahm und generell mehr auf ihre Haltung achtete, reagierte ihr Körper sehr schnell. Caseys Erscheinungsbild verbesserte sich deutlich und sie wurde wesentlich beweglicher.

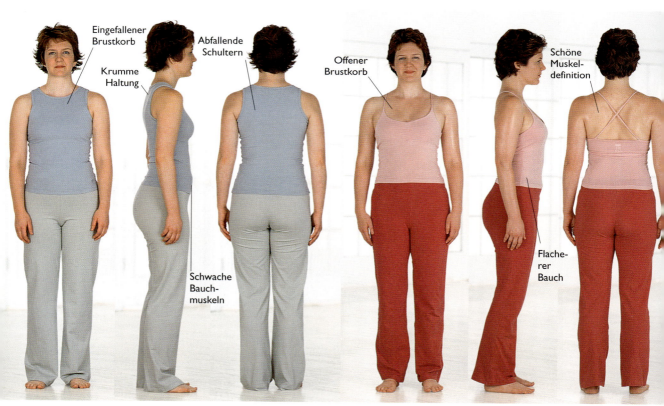

▲ **Vorher** Zu Beginn des Programms wirkte Casey verspannt und hatte eine schlechte Haltung. Ihr Brustumfang betrug 85 cm, die Taille 70 cm und die Hüften maßen 96 cm.

▲ **Nachher** Am Ende hielt sich Casey aufrecht und verfügte über schön definierte Muskeln. Ihr Brustumfang war auf 88 cm angewachsen, während sich ihre Taille auf 68 cm und ihr Hüften auf 94 cm verschmälert hatten.

DIE ÜBUNGEN IM RÜCKBLICK

Um zu beweisen, welche Fortschritte sie in den letzten zehn Wochen gemacht hatte, ließ ich Casey die Übung Neck Pull *(Ziehen am Hals, s. S. 136–137)* absolvieren. Inzwischen besaß sie eine so biegsame Wirbelsäule, dass ihr Kopf beinahe die Knie berührte. Außerdem sahen wir uns folgende Übungen an:

▲ **Swan Dive: Vorbereitung** Caseys *Tauchender Schwan (s. S. 134–135)* war kaum wiederzuerkennen. Was als simple Dehnung des unteren Rückens begonnen hatte, war eine elegante Wippbewegung geworden. Caseys Bewegungsradius hatte sich beträchtlich erweitert.

◀ **Wall I** Um zu prüfen, ob sich Caseys Haltung verbessert hatte, machten wir die erste der beiden Wall-Übungen *(s. S. 124)*. Ich denke, die Bilder sprechen für sich. Während unseres ersten Fototermins musste ich Casey noch helfen, indem ich Druck auf ihre Schultern ausübte. Gegen Ende der zehnten Woche brauchte Casey keine Unterstützung mehr. Brust und Schultern hatten sich unglaublich geweitet.

THE PILATES-MAT: DAS GROSSE BODY-WORKOUT

Joseph Pilates mochte es gar nicht, wenn man ihn fragte, wozu diese oder jene Übung gut sei. Er pflegte darauf nur eines zu sagen: »Sie ist gut für Ihren Körper.« Anstatt die Figur in verschiedene Bereiche zu unterteilen, die trainiert oder nicht trainiert werden müssen, dient sein Workout dem ganzen Körper. Profitiert ein Körperteil, profitiert immer auch der Körper als Ganzes. Wer diese »Pilates-Mat« absolviert, macht ein Workout, das keine Wünsche offen lässt.

The Hundred (s. S. 20–21)

Roll Down (s. S. 22–23)

Roll Up (s. S. 114–115)

Single Leg Circles (s. S. 24–25)

Rolling Like a Ball (s. S. 26–27)

Spine Stretch Forward (s. S. 32–33)

Open Leg Rocker (s. S. 130–131))

Corkscrew (s. S. 142–143)

The Saw (s. S. 132–133)

Swan Dive Preparation (s. S. 134–135)

Side Kicks Series (s. S. 82–83, 94–99)

Teaser (s. S. 120–121)

Can-Can (s. S. 104–105)

Swimming (s. S. 144–145)

Leg Pull Down (s. S. 64–65)

THE PILATES-MAT: DAS GROSSE BODY-WORKOUT

Dieses Workout setzt sich aus Übungen zusammen, die aus allen drei in diesem Buch beschriebenen Programmen stammen. Wer sie hintereinander absolviert, macht beinahe die komplette »Pilates Mat«. Nur ein paar wenige Übungen für Fortgeschrittene wurden ausgelassen. (Das vollständige Übungsprogramm finden Sie in meinem Buch *Pilates*, Dorling Kindersley, 2002).

Sobald Sie Ihr individuelles Programm beherrschen, können Sie einzelne der hier abgebildeten Übungen in Ihr Training integrieren, und zwar in der hier gezeigten Reihenfolge. Sehen Sie sich die Übungen von links nach rechts an und stellen Sie sich das Workout als einen einzigen Ablauf von nahtlos ineinander übergehenden Bewegungen vor. Absolvieren Sie eine Übung nach der anderen ohne Zwischenpausen: Bleiben Sie ständig in Bewegung! Mit der Zeit werden sich die Übungen in Ihr Muskelgedächtnis einprägen, sodass Sie diese Übersicht gar nicht mehr brauchen.

Wenn es darum geht, den Körper zu kräftigen, zu dehnen, zu straffen und zu formen, gibt es für zu Hause keine bessere Trainingsmethode. Sie benötigen keinerlei Hilfsmittel und können die Übungen fast überall ausführen.

Single Leg Stretch (s. S. 28–29)   **Double Leg Stretch** (s. S. 30–31)   **Single Straight Leg Stretch** (s. S. 42–43)   **Double Straight Leg Stretch** (s. S. 90–91)   **Criss-Cross** (s. S. 129)

Single Leg Kick (s. S. 92–93)   **Double Leg Kick** (s. S. 56–57)   **Neck Pull** (s. S. 136–137)   **Shoulder Bridge** (s. S. 102–103)   **Spine Twist** (s. S. 138–139)

Leg Pull Up (s. S. 66–67)   **Mermaid** (s. S. 146–147)   **The Seal** (s. S. 86–87)   **Push Ups** (s. S. 46–47)

MINI-WORKOUTS

Nicht immer findet man Zeit für ein komplettes Workout. Wenn es einmal schneller gehen muss, dann absolvieren Sie zumindest eines dieser Mini-Workouts: Sie haben die Wahl zwischen fünf klassischen Bauchmuskel-Übungen, den Side-Kick-, den Arm- oder den Wall-Übungen. Suchen Sie sich ein Workout aus und los geht's! Keines der Mini-Workouts dauert länger als fünf Minuten – und die Zeit hat doch wirklich jeder übrig! Wenn Sie die einzelnen Übungen nachlesen wollen, blättern Sie einfach zurück auf die angegebenen Seiten.

SIDE-KICK-ÜBUNGEN

Front Kicks
(s. S. 82)

Up/Down
(s. S. 83)

Circles
(s. S. 83)

Bicycle
(s. S. 94–95)

ARMÜBUNGEN

Biceps Curl Front (s. S. 48)

Biceps Curl Side (s. S. 49)

Zip Up
(s. S. 50)

The Shaving
(s. S. 51)

Boxing
(s. S. 60)

The Bug
(s. S. 61)

MINI-WORKOUTS

BAUCHMUSKEL-ÜBUNGEN

Single Leg Stretch (s. S. 28–29)   Double Leg Stretch (s. S. 30–31)   Single Straight Leg Stretch (s. S. 42–43)   Double Straight Leg Stretch (s. S. 90–91)   Criss-Cross (s. S. 129)

Ronde de Jambe (s. S. 96–97)   Inner Thigh Lifts (s. S. 98)   Beats (s. S. 99)

ÜBUNGEN AN DER WAND

Ruderübungen: The Shaving (s. S. 58)   Ruderübungen: The Hug (s. S. 59)

Wall I (s. S. 124)   Wall II (s. S. 125)   The Wall: Chair (s. S. 86)

REGISTER

A
Armübungen 48–51, 52, 60–61, 73
Atmung 11

B
Back Stretch (Rückendehnung) 127
Ball 20, 68–71, 89, 91
Basisübungen 18
Beats (Fersenschläge) 99
Beweglichkeit: Programm für eine bessere Haltung 111-153
    Programmübersicht 112–113
Bewegungsfluss 11
Biceps Curl Front (Armbeugen nach vorn) 48
Biceps Curl Side (Armbeugen zur Seite) 49
Bicycle (Fahrrad) 94–95, 101
Bottom Lifter (Po-Heben) 79
Boxing (Boxen) 60
Bug (Käfer) 61

C
Can-Can (Can-Can) 104–105
Casey 18–19, 34, 125–127, 140–141, 152
Chair Dips (Dehnung mit gestrecktem Bein) 43
Chest and Shoulder Stretch (Brust- und Schulterdehnung) 145
Corkscrew (Korkenzieher) 142–143
Criss-Cross (Über Kreuz) 129
Crossover Stretch (Dehnung über Kreuz) 96

D
Double Leg Kick (Kicken mit beiden Beinen) 56–57, 63
Double Leg Stretch (Dehnen mit beiden Beinen) 30–31
Double Straight Leg Stretch (Dehnung mit gestreckten Beinen) 90–91, 101, 128, 141
Double Straight Leg Stretch with Ball (Dehnung mit gestreckten Beinen mit Ball) 91

E
Ereka 18, 19, 34, 52–53, 62–63, 72

F
Flying Eagle (Fliegender Adler) 55
Fortschritte, erste 34
Front Kicks (Kick nach vorn) 82

H
Haltung 153
Hamstring Stretch (Schenkelbeugerdehnung) 117
Hilfsmittel 13, 15
Hip Stretch (Hüftdehnung) 105
Hip/Buttock Stretch (Hüft-/Po-Dehnung) 101
Hug (Umarmung) 59, 63
Hundred, The (Die Hundert) 20–21, 53, 89

I
Inner Thigh Lifts (Oberschenkelheber) 98

K
Kernmuskeln 11
Kontinuität 12
Kontrolle 10
Konzentration 10–11
Körper 9
Körpermitte 11
Kraftgürtel 11

L
Leg Pull Down (Beinzug nach unten) 64–65
Leg Pull Up (Beinzug nach oben) 66–67

M
Magic Circle (Magischer Ring) 20, 68–71, 78–79, 89, 106–107
Magic Circle: Standing (Magischer Ring: Das Stehen) 106–107
Mermaid (Meerjungfrau) 146–147
Mini-Workouts 14, 156–157

N
Nabel zur Wirbelsäule ziehen 15
Neck Pull (Ziehen am Hals) 136–137, 141
Neck Roll (Nackenrollen) 135

O
Oberkörper, Programm 39–73
    Programmübersicht 38–39
One-legged Teaser (Wagenrad mit einem Bein) 85
Open Leg Rocker (Rollen mit gestreckten Beinen) 130–131, 141
Osteopathie 15

P
Pilates, Joseph 8, 10, 15, 118, 154
Pilates-Box 14
Pilates-Mat 154–155
Pilates-Stellung 14
Plow (Pflug) 123
Präzision 11–12
Push Ups (Liegestütze) 46–47, 53, 73

R
Resist-a-Hug 58
Roll Down (Abrollen) 22–23, 78–79, 89, 114
Roll Up (Aufrollen) 40–41, 114–115
Rolling Like a Ball (Rollender Ball) 26–27, 127
Ronde de Jambe (Beinkreisen) 96–97
Rotation Stretch (Drehdehnung) 139
Ruderübungen 58–59, 148-149, 150-151

S
Saw (Säge) 132–122
Scapular Push Ups (Schulterblätter-Liegestütze) 65
Scissors (Schere) 116–117
Seal (Seehund) 86–87, 122–123
Shaving (Rasur) 51, 58, 63
Shoulder Bridge (Schulterbrücke) 102-103
Shoulder Rolls (Schulterkreisen) 124
Side Kicks 82–83, 89, 94–99, 118–119
Side Stretch (Dehnung zur Seite) 51
Side to Side (Hin und Her) 106
Single Leg Circles (Einfaches Beinkreisen) 24–25, 53, 127
Single Leg Kick (Kicken mit einem Bein) 54–55, 92–93, 109
Single Leg Stretch (Dehnen mit einem Bein) 28–29
Single Straight Leg Stretch (Dehnung mit

gestrecktem Bein) 42–43, 80–81, 116–117
Spine Stretch Forward (Wirbelsäulendehnung nach vorn) 32–33, 44–45
Spine Twist (Drehen der Wirbelsäule) 138–139
Standing Flys 49
Swan Dive (Tauchender Schwan) 134–135, 153
Swimming (Schwimmen) 144–145

T
Tai 18, 19, 34, 66–89, 100–101, 108–109
Teaser (Wagenrad) 84-85, 109, 120–121
Teaser at the Wall (Wagenrad an der Wand) 84
Teaser mit Hilfestellung (Wagenrad mit Hilfestellung) 121
Testpersonen 18–19
Thigh Stretch (Oberschenkeldehnung) 93
Training 14–15
Triceps Stretch (Trizepsdehnung) 47

U
Unterkörper, Programm 74–109
Programmübersicht 76–77

Z
Zentrierung 11
Zip Up (Den Reißverschluß zumachen) 50
Zubehör 13, 15

NÜTZLICHE ADRESSEN

KONKATKT ZU ALYCEA UNGARO
Tribeca Bodyworks
Pilates Center of New York
177 Duane Street
New York, NY 10013, USA
Tel.: 01/212/625-0777
Email: info@tribecabodyworks.com
www.tribecabodyworks.com

Body Perfect
Richard-Wagner-Platz 5
10585 Berlin
Tel.: 030/341 20 37

Woman Styling
Ahrensburger Straße 138
22045 Hamburg
Tel.: 040/66 77 33

Pilates Studio Kerstin Reif
Indiviuelles Körpertraining
Max-Reger-Straße 5
28209 Bremen
Tel.: 0421/168 21 58

Energym Fitness Studio
Ronsdorfer Straße 77
40233 Düsseldorf
Tel.: 0211/733 22 16

Springs – Pilates Studio Köln
Krefelder Straße 18
50670 Köln
Tel.: 0221/16 79 46-7

Hartmut Schöffner
Rosserstraße 7
60323 Frankfurt
Tel.: 069/59 30 30

Feldmann Institut
Guido Feldmann
Gustav-Bruch-Straße 61
66123 Saarbrücken
Tel.: 0171/362 08 30

Center Circle
Pilates-Studio
Lindwurmstraße 117
80337 München
Tel.: 089/65 67 31

PILATES IN ÖSTERREICH

Salzburg Experimental Academy of Dance (SEAD)
Schallmooser Hauptstraße 48
A-5020 Salzburg
Tel.: 0662/62 46 35

PILATES IN DER SCHWEIZ

The Spirit
Studio für Pilates und Yoga
Gundeldinger Feld, Bau 3
Dornacherstrasse 192
CH – 4053 Basel
Tel.: 061/691 01 45

DANK

DIE AUTORIN DANKT

Folgenden Personen, die wesentlich an der Entstehung dieses Buches beteiligt waren, gebührt mein Dank: Bei Dorling Kindersley danke ich Mary-Clare Jerram und Gillian Robberts, die großes Vertrauen in mich gesetzt haben. Außerdem danke ich Jenny Jones für ihre Geduld, Shannon Beatty für ihre Hingabe und Liebe zum Detail sowie Janis Utton und den Designern Karen Sawyer und Sara Robin für ihr großartiges Layout. Zu guter Letzt möchte ich mich auch bei Russell Sadur mit seiner außergewöhnlichen Begabung und bei Nina Duncan für ihre geistreiche Art und ihren Sinn für Humor bedanken.

Ganz besonders dankbar bin ich meinem Team, insbesondere Laurie Liss von Sterling Lord Literistic, die eine großartige Agentin ist, und Kathy Djonlich und Ereka Dunn von D2 Publicity. Dank gebührt auch meinen fantastischen Mitarbeitern bei Tribeca Bodyworks, vor allem jedoch Cristian Asher für seine Geduld und seine Fähigkeit einfach alles zu organisieren und zu ermöglichen. Für das stundenlange Babysitten danke ich Melody Rodriguez und Lisa Wolf. Danke Mom, dass du immer für mich da bist. Und danke Roberto, dass es dich gibt – ich liebe dich.

Ein besonderer Dank gilt auch Keren James, die überhaupt erst die Idee zu diesem Projekt hatte.

DER VERLAG DANKT

Dorling Kindersley dankt dem Fotografen Russell Sadur und seiner Assistentin Nina Duncan, den Testpersonen Ereka, Tai und Casey, Tamami Mihara für Frisuren und Make-up, Carissa und Bill von den Daylux Studios, New York City, Margaret Parish für ihre Lektoratsassistenz sowie Peter Rea, der das Register erstellt hat. Danke auch an Asquith, London (www.asquith.ltd.uk) für die Fitnessbekleidung sowie sweatyBetty, London (www.sweatyBetty.com) für Trainingskleidung und Matten.
Alle Bilder © Dorling Kindersley.
Weitere Informationen: **www.dkimages.com**

ÜBER DIE AUTORIN

ALYCEA UNGARO, ausgebildete Physiotherapeutin, ist die Gründerin und Leiterin von Tribeca Bodyworks, dem größten New Yorker Pilates-Studio. Sie wurde im Alter von 14 Jahren als Elevin der Ballettschule des berühmten New York City Ballet auf die Pilates-Methode aufmerksam. Nachdem sie bereits zehn Jahre lang nach der Pilates-Methode trainiert hatte, ließ sie sich bei Romana Kryzanowska, einer Schülerin von Joseph Pilates, zur Pilates-Trainerin ausbilden. 1995 gründete sie Tribeca Bodyworks, ein Studio, in dem die klassische Pilates-Methode unterrichtet wird. Hier trainierte sie unter anderem Madonna und Uma Thurman. Alycea Ungaro ist die Autorin des Buches *Pilates* (2002 bei Dorling Kindersley erschienen). Im Jahr 2003 entwickelte sie zusammen mit Christy Turlington und PUMA den ersten Sportschuh speziell für Pilates. Alycea Ungaro lebt mit ihrem Mann und ihren zwei Töchtern in New York.